Good Day Will Come

GOOD DAY WILL COME

開始，期待好日子

阿飛——文、攝影

只要好好過日子，就能期待好日子。

許多人都知道這是我很喜歡的一句話，經常會用來鼓勵讀者，事實上，在寫這句話的同時，自己也會受到激勵。期許自己可以度過眼前的困頓與難關，又毋須過份拼命，不必太過積極，只要認真做好自己份內該完成的事，好好工作，好好學習，好好吃飯，好好休息，好好珍惜身邊的人，自然有機會可以擁有安心寫意的生活。

《只要好好過日子》獲得了讀者們很大的迴響，我很開心也很意外。開心的是，有很多、很多的人是懷抱著正面能量過生活，願意相信自己只要踏實過日子，一切就能慢慢步向正軌，就能期待將來會有好日子出現。意外的是，原來「生活」這件事在現今社會是那麼的辛苦，有不少人對於自己的期望僅止於「只要能好好過日子」那麼簡單而已，卻也是如此不容易的奢求。

但，我相信生活沒想像中的苦，大部分都是因為自己的心態所致。每個人都在各自的人生道路上經歷許多人事物，從中得到了什麼也同樣失去了什麼，

前言

在過程中慢慢成長，開始懂得轉換心情，開始懂得珍惜所有，開始懂得放下執念。在「懂得」之後，自然就會明白自己最舒適自在的生活方式。

願意讀這本書的你應該都有追尋自己生活方式的基本功，而我所能做的，只不過是帶領大家去重新複習，還有再次提醒那些其實你早已懂得、卻經常遺忘的道理。

在人生中，我們始終追尋著許多「為什麼」，其實更重要的是，你現在準備「做什麼」。我們的現在，永遠影響著自己的將來。你現在願意相信自己、願意努力學習，以及願意給予自己正面的價值觀，自然就有機會塑造出自信、美好及正向價值的將來。這世上或許無法替你的「為什麼」提供標準答案，你卻會因為自己的「做什麼」而得到成長與結果。

現在的我們，是因為到目前為止所做的每件事情、每個決定，以及所遇到的每個人，一點一滴地影響，慢慢形塑而成。未來的我們又會成為什麼模樣，同樣也會因為這樣而改變。我們或許無法選擇家庭或成長環境，但至少可以選擇要做的事、所遵循的觀念，還有留在身邊的人。

接下來的日子，或許依然不輕鬆，也許還有很多挫折，可能少不了那些人情冷暖，但我相信只要抱持著良好的心態去面對，最後都會沒事的。而所謂的良好心態，不一定是一直充滿著正面積極，而是要懂得處理負面的想法，不讓黑暗情緒影響自己的判斷。你不必成為一個樂觀向上的人，但請試著做一個會排解悲觀情緒的人。

這本書是為了鼓勵願意在世態炎涼的環境中依然相信正面能量的你，也是希望能夠給予遭受打擊與不順遂的人一點點溫暖的力量。

你很棒，你很勇敢，你辛苦了。再難過的日子，你都度過了，只要願意相信自己值得過好日子，接下來，請開始期待好日子的來臨。

阿飛／鍾文飛

目錄

工作日
work day

目錄

人際日
relationships day

我們既不是佛陀轉世，也不是耶穌降臨，來到世上並不是為了要來寬恕或愛護每個人。身為人就會有喜惡，我們要學習如何與那些討厭的人共處。

目錄

愛情日
valentine's day

愛，聽起來很偉大，但我親身經歷過的，卻是很平庸、很日常的小情小愛。就在這樣的小情小愛中跌倒再爬起，逐漸擁有更成熟的自己。

目錄

家庭日
family day

在名為「人生」的海洋中奮力搏命之後，唯有家才能讓我們猶如備受摧殘的破爛小船得以停泊。

目錄

生活日
day off

目錄

工作日

work day

今天好好工作了，也請好好休息，
明天又是美好的開始。

所謂的負責任，
不只是把工作做完，
而是盡量把工作做好，
這不是為了主管或老闆，
是為你自己累積未來的成就。

對很多人來說，上班工作只不過是賺取金錢的手段之一，把主管或客戶交辦的事情如期完成，就算不負使命了。將自己負責的工作做完便交差了事，在別人看來，確實是把工作完成了，這是無從置喙的；但，每個人的心裡都很明白，自己其實可以做得更好。

比方說，從事業務工作的你，很清楚只要多花點時間再繼續跟進、再說服，客戶就會願意多下一點單，但自己卻認為業績已經達標，無需再耗費精神而停止；從事企劃工作的你，明明知道將方案重新調整後效果會比較好，但因為調整後需要處理的事情更多、更麻煩，自己就不願再提出新方案；從事財務工作的你，很明白公司某些費用是可以節省的，卻擔心提出後會得罪負責預算執行的同事，也就不願意提出來討論。

你或許覺得自己沒有錯，領多少錢做多少事，多做事可能也沒有多領錢，把自己份內的工作完成，能對主管或客戶交代，就算功德圓滿了。可是，我們**做事情不該只是用來對別人交代的，應該是向自己交代，然後替自己的未來打算。**

這不是你的能力問題，而是你的態度問題，做事的能力再好，一旦態度不對了，未來的成就也有限度。你的責任究竟到哪裡，其實是由自己來決定。

我不會鼓勵大家為了工作犧牲假期與生活，也不會過份讚揚願意為了公司鞠躬盡瘁的人，我認為應該在自己的工作內容與時間裡，找出可以讓自己成長的態度與方法。既然做了，就應該在能力範圍內盡量把成效做到最好，這是屬於你自己的成績。如果去做了卻得不到效果，那還不如別做，至少沒有白費力氣，更不會浪費時間。

如果可以把自己手上負責的工作做得更好，就要試著去努力，不是在幫別人作嫁，而是為自己鋪路。當你能夠把工作如期完成，並且還提升成效，周圍的人看見了，同事看見了，客戶看見了，你的主管與老闆也都看見了，當你的能力被受到認可，自然也就會有更多表現與升職的機會。

這些工作對你來說，或許也是一種預習。在你的未來的人生裡，將會遭遇到各式各樣的問題，而你現在所做的一切都是日後經驗的累積。

現在的你願意去做好，未來的你也會過得輕鬆一些。

 # 交差了事：以為自己仁至義盡，但別人看到成果時，其實都想吞滑鼠自盡的一種心態。

如果不能做你喜歡的事，
不如暫時先做你會做的事。

或許，你正為了就職的問題而煩心，找不到喜歡的，找不到理想的，找不到適合的……找著找著，甚至你都認為快要找不到未來了。

也許，你正為了目前的工作內容而不開心，做著無趣的事，做著討厭的事，做著是別人不想做的事……做著做著，甚至你都覺得自己做的不是工作，而是在做功德了。

現實的職場情況就是如此，多數人都無法從事心中嚮往的行業，就算進入了該行業，擔任的工作也未必是自己喜歡的，或是喜歡的工作不一定適合自己，也可能總是被交辦討厭或麻煩的任務。你我在職場裡，總有著訴說不出的無奈。

我覺得，如果有一百種工作，就會有一百種無奈。

每個人都想做自己喜歡的事，遺憾的是，實際上並沒有那麼多你喜歡的事情可以做，因為大家都在搶那些「喜歡」又「輕鬆」的工作。如果你只是想找「輕鬆」的工作，那根本就不是什麼真正想做的工作，你只是懶而已。

說真的，如果你不去處理那些在工作中，麻煩的、複雜的、討厭的事，那麼，老闆也不需要支付那麼多薪水給你了，老闆需要有能力協調那些事情的人，而這也是你值得坐在那個位置上的原因。

如果你正在找工作，而且已經找了很久，仍然找不到理想中的職缺，不妨先試著尋找自己拿手的或適合的，稍微接近心目中的工作來試試。無論如何，只要有事做就能有累積，累積經驗、累積成績、累積人脈與累積資本。或許只是你目前的機運不夠好，無法很快從事自己喜歡的工作，當你花了一定的心力與時間去累積之後，一定會有更多的機會能達成你原來的想望。而且，先做自己拿手或做得來的工作，也比較容易上手，可以更快速學習，壓力相對較小。這樣一來，表現可以更好，經歷累積也會更快。

我覺得有份爛工作可做，總比什麼都不做要來得好。並非要你委曲求全、忍氣吞聲，而是希望你先從工作中累積經驗也累積人脈，等一切完備了，好工作出現了才更有機會把握。如果你想往上爬，總要自己先抬起腳吧？

前陣子，有人問我：「工作內容雖稱不上喜歡，但我很清楚可以學到東西，公司福利也還不錯，唯一的問題在於公司內交不到什麼朋友，這樣的環境該不該放棄？」老實說，上班就別期望能找到推心置腹的好友，做好自己該做的事比較實在，沒有遇到下手絕不手軟的敵人以及豬一般的隊友就該偷笑。我常說，每天讓你翻白眼的次數少於三次的工作，就算是幸福職場。

但，無論你為了工作多麼願意努力付出、多麼願意花費心力，請記得一件事：如果身處的工作環境只會給你負面批評，或是你一直無法融入團隊之中，建議你還是早點轉換跑道。不是你不適合這份工作，就是這個環境不適合你。不是你肯不肯做或會不會做的問題，而是你得不到公司或同事的回饋與幫助，再怎麼努力爭取的結果，也只會讓人更加無力。

若你還不知道自己想做什麼，不妨先把能夠做的事做好；若不清楚接下來能走到哪裡，就先走好眼前的路吧；不明白自己會跟誰成為夥伴，那就先從善待身邊的人開始做起。暫時不如意沒關係，一時沒想法也無所謂，總之，就先從自己能做的開始吧，終有一天，你的能力會成為你的指南針，你的經歷會成為你的墊腳石。

#職場：讓你明白處理人比處理事還煩，而且連決定中午要吃什麼也很煩的一種場域。

明明是討厭的事，
還是願意去做，
而且還能做得好，
那就是實力。
工作通常是討厭的事，
喜歡的事叫做興趣。

絕大多數人會選擇工作，那是因為可以用付出的勞力來換取金錢，其他的成就感或滿足感都只是附加的。想要賺多少錢就得付出相對的心力，工作本來就是辛苦的，因此，很多人會希望能找到輕鬆一點的工作，或是少做一點事，認為這樣就算是多賺的。

如此的思考邏輯並沒有錯，既沒有危害到他人，也沒有違背道德的問題。總是有些人遇到難以處理的麻煩事就想盡辦法推拖，或是做得心不甘情不願、要死不活，最後，就是交出敷衍了事的糟糕結果。

每個人都想做輕鬆的、或喜歡的事情，坦白說，那是不切實際的想法。

就像前面所提，付出多少就會得到多少，想要輕鬆的做事情，就只能得到較少的報酬；相對的，若公司願意支付多一些薪水，就是希望我們能替公司解決困難與處理麻煩瑣事。

當然，遇上自己討厭的工作，可以選擇不做，離開這個職務；若是對這個位置的未來仍有期待，何不試著用正面思考來看待眼前那些不喜歡的工作呢？

面對不喜歡或麻煩的事情，會出現負面情緒並不代表你不好，那純粹是保護自己的心理機制，很正常的。因為它怕我們做得不夠好，怕我們沒有時間休息，怕我們被人惡意中傷。若能懂得放下那些對於現況沒有幫助的負面想法，如此一來，才能把該做的事情做好。

在職場上有八成的工作令人感到麻煩、厭惡。請謹記，別人不一定會因為我們工作有苦勞而加薪，卻很有可能因為做得太差而決定不給薪。既然是自己必須要處理的事情，再困難、再麻煩也應該盡力做出最好的結果，這才是展現我們能力與價值的時刻。

當你可以把眾人都不想碰的麻煩事做到最好，公司肯定會把你視為不可或缺的人才。

當上司交派給你任務時，可能你第一個閃過的想法是「好麻煩呀」，但之後應該思考的是，該企業文化與你所負責的職務能得到的成就感，是否符合你內心裡的價值觀與理念。

如果符合的話，即使再麻煩也值得自己付出心力去完成。反之，若是與自己的內在價值相悖時，那就別用心去做這件事了，而且你根本不該再待在這個環境。

不要害怕做困難或討厭的事，如果不把自己丟在不舒適的位置與不輕鬆的環境，你將永遠不明白自己有多麼優秀。

凡事都有代價，如果想要讓老天注意到你，就得不斷努力。現在的付出，所有做過的每一件事情、學過的每一項能力，你曾遇過的每一次問題，都會在將來需要的時候派上用場。

盡力做好自己的工作，無論是喜歡或不喜歡、麻煩或不麻煩、困難或不困難，單單把事情做到及格，那也不容易了。就算是一件小小的事，也會在無形中慢慢累積，一件又一件，不斷地提升自己，最後你的付出會被看到，一定也會為你帶來回報的。

#舒適圈：這世上根本沒有這種東西，一旦進入社會，註定就要跟各種日常與無常對抗著。

工作當然不輕鬆，
換個角度想，
也是為了將來有機會
選擇自己想要的生活。

經常聽到有人說生活太平淡；但光是處理工作、替別人善後就夠忙碌、刺激的了，為什麼還會有人認為平淡呢？

我不禁思考那些認為生活太平淡的人，難道是無業中，要不就是擁有一份內容輕鬆又環境單純的工作，還是他們的工作能力及情緒管理如鶴立雞群般的卓越？

若是後者，那他就是值得我們學習的對象，雖然工作能力無法一蹴即成，這需要靠時間與經驗慢慢學習累積。但，情緒管理卻是可以先試著改善的。

要改變一個人的性格與價值觀，那是非常困難的事情，俗話說：「牛牽到北京還是牛」，但你想要在職場上獲得關注，或是在自己的人生道路上扭轉局面，轉變心態便是最為優先的事情。

工作當然不會輕鬆，職場自然也不單純，無論是進入哪一間公司，麻煩事依舊，類似的狀況仍然會發生。即使自己做老闆也一樣，甚至不輕鬆、不單純的層級只會更高。有時，不是環境讓我們討厭，而是我們用「討厭」的心態在看待自己的工作環境，心態才是影響我們最主要的原因。

有些人對於困境容易釋懷，那是因為他們懂得轉念、懂得知足，與懂得學習，而不是因為遇到了多好的老闆、同事或工作，畢竟大多數的人對於工作的福利與環境都是貪得無厭的。這個社會根本沒有「不會做」與「不想做」，當你一無所有時、當你必須生存下去時，自然什麼也都願意做了。

並不是說為了生活讓自己沒有自尊受盡委屈也沒關係，過份的欺負與過低的待遇，當然不必忍受，可是，要先明白自己的底線是什麼，究竟這個底線是真的過份，還是自己抗壓性太差呢？

我們在工作內容或職場關係裡難免會遇上困難，這種時候，指責或抱怨不一定能讓事情馬上好轉。如果願意試著先調整自身的做事方式，或是體恤他人的感受，即使整件事情沒有立即明朗化，但在工作表現與職場關係上也會慢慢改善。

萬一真的犯了錯，難免會被人責難，此刻是可以自我檢討的，卻不用妄自菲薄。別忘了，**我們工作不只是為了賺錢，那些錯誤的經驗都是人生養份，你會變得更好、更強，將來才更有本錢創造自己想要的生活。**

在職場上認真做事、努力賺錢，並不是要跟他人比較，而是要累積這些經驗與財力，才能為將來儲備了選擇的權利。選擇對自己有意義、有興趣的工作，不再是為了生活、為了養活自己而勉強工作。

無論如何，選擇目前工作的人是自己，如果不喜歡，就選擇另一條路。但，請記得，你選擇的是——要通往未來人生的路，要為未來做好準備，更要為你想做的事情累積能力。

所謂的好運，其實就是當機會來臨時，一切早已準備就緒。

#平淡：擁有它的人會覺得無聊，沒有它的人會覺得就算無聊也想擁有的一種狀態。

別把加班當成
你工作表現的手段，
加班只代表你努力、負責任，
並不一定表示你有能力。

在社會打滾這麼久，發現有些人是經常性加班。當工作量很大或截止日期非常急迫時，難免會需要加班才能完成；可是，有些似乎並沒有那麼多或特別趕的工作時，那些人還是晚下班，不知道是已經習慣了加班，準時下班會不知道該如何打發時間，還是想留給主管感覺自己好像很忙、很認真在處理工作的印象。

能夠準時下班是好事，千萬別把加班當成工作表現的手段；加班只代表你努力及負責任，並不表示你的工作能力很強。

或許，有些人認為勤能補拙，用這樣的方式來表現自己總是很努力地完成所交付的工作。可是同樣一件事，如果交代給你需要額外加班才能完成，但交給另一個人卻更有效率地在上班時間內完成，試想，究竟是誰的工作能力比較好？誰會受到上司的賞識？

真正優秀的人，是不會把加班視為平時的工作表現，那只是為了在期限內完成時不得已的手段，他會把心思花在如何讓事情做得更好、做得更快，也會比其他人更看重手邊正在做的每一件工作，就連細微的小事也都把它當成一回事。

而你工作時所做的任何決定，以及所注意的任何事情，都會讓你的工作表現與習慣慢慢定型。我們都是像這樣用一磚一瓦堆砌起自己在職場的未來。

我明白，有些情形並非自己想要表現，而是工作的環境迫使你變得如此。因為公司內的所有員工幾乎不會準時下班，讓你會為了自己準時下班而感到愧疚；因為你的老闆每天都不會準時下班，讓你根本不敢準時下班，只好待在座位上隨時等候差遣。

待在這樣不健全的工作環境下，如果不是心甘情願，也不是待遇優渥到值得如此犧牲奉獻，那麼，也怪不了任何人，要怪也要怪你自己。怎麼能忍受將私人時間貢獻給公司，也不願試著去尋找值得自己付出的環境。

請記得，**不要在公司跟人比誰坐得比較久，那是看不起你自己，我們應該是要想辦法跟人比誰做得比較好。**

我相信一定有很多人會擔心自己不被人喜歡，就算沒有什麼急迫的事情要處理，下班後還是留在公司東摸西摸裝忙，可是每天要演戲、要假裝給別人看，其實是很累人的。假使你準時下班會被某些人說小話，那也不是什麼世界末日，只要對得起自己，對得起工作就夠了。

會為了你準時下班而討厭你的人，不論你處理事情多麼漂亮也無法讓對方喜歡，他們連朋友也都稱不上，所以，被這些人討厭也應該無所謂吧？

能力是有極限的，疲憊是正常的，脆弱是難免的，混亂是考驗的，並不會因為年紀大了、經驗多了，工作就會萬夫莫敵。盡力做就好，不必事事都想要一肩扛，沒有人的肩膀沒那麼耐操，偶爾也需要休息按摩一下。

愛人太久都可能會累了，何況是工作？找時間讓自己喘喘氣，不加班不是什麼罪過的事。

#打卡：關乎當月能領多少薪水，問題是多數公司就算知道你天天留很晚也不會多付錢。

凡事不要太依賴別人的幫忙。
有時，你以為是來救駕的，
後來才發現其實是來補刀的。

我不喜歡那種自己都還沒努力，就急著尋求幫助的人；或是有些人確實去做了，但一心想著反正最後還是可以找人來幫忙，就草率處理事情。這樣的工作態度怎麼可能會把事情做得好？

懂得自己的不足或懂得適時求助他人是一種優點並沒有錯，但不能讓它變成你的缺點，或是依賴他人的藉口。

這世上有許多不懂得拒絕的人，他們會勉為其難來幫助你，一次、兩次沒關係，可是任誰都有底線，一旦發現自己的協助已然成為你不做事的推手，其他人就會把你視為大麻煩，避之唯恐不及。若這種情形發生了，而你又無法完成該做好的事，責任還是要由你來承擔。

所謂的好意，是用在自己想要給予的人身上，而不是浪費在只會向自己索討的人身上。

大概是我的個性使然，總覺得做人要有骨氣，凡事不要太依賴別人的幫忙，能自己解決就自己解決。更何況有時你以為別人是來救駕的，後來才發現其實是來補幾刀的。這樣的情況可能有兩種，一種是本來就打算偷偷地捅你；另一種則是他真心想幫忙，卻老是不小心捅到你。

不要期望別人為自己雪中送炭，沒有人在你臉上塗炭就該謝天謝地了。有些人，你聽他說起來頭頭是道，可是等到真正處理時卻亂七八糟，最後才會發現他根本就胡說八道；有些人在面對你尋求協助時，表現得非常友善、熱心，但在轉身面對主管與同事時，就開始翻白眼抱怨起你來口沫橫飛。

我並非不信任別人，只是不想麻煩到別人，畢竟被交付的任務本來就是自己的責任，別人也有原本的工作要處理，而且每個人的思考邏輯都不同，對於工作自有一套方法與排序，彼此對於事情的標準也不同。就算對方有心幫忙，可是在過程中仍然可能會有摩擦，做出來的成果也未必是你所預期的。

當然，很多工作本來就是需要通力合作。但，所謂的合作，就是把一件事情分工成很多項目，由負責不同項目的人各自完成該做好的部分，並不是你的部分找別人幫忙就叫做合作，那應該叫做扯後腿才對。

我也不是鼓勵你所有的工作都要自立自強，大家自掃門面雪；而是要有獨立完成工作的自覺，這樣也能培養出獨當一面的實力。如此一來，才會用心把該負責的事情做好，也不會視別人的幫忙為理所當然。當**別人願意給予協助時，那是因為你可以把大部分的事情做好，這樣的幫忙並不會造成他們的負擔與壓力，這樣的方式也才是彼此需要的。**

需要別人幫忙，並不表示自己太沒用，只是負責的任務太多或超過能力所及；假使你真的已經努力嘗試過，又不想造成別人的困擾，最終還是無法接受自己不能獨力完成，這時也不必怪罪自己，沒有人能事事完美。該尋求協助時就該明確提出，如果到最後才坦誠事情無法完成，對公司來說，那才是真正的大問題。

 # 合作：你以為是大家一起做，後來才發現有些人認為他可以不用做的一種工作方式。

如果想離職，
是因為不想再看人臉色，
創業後，
你將發現要看更多人的臉色，
完成夢想是必須付出代價的。

在社會工作多年，我曾聽過不少新奇有趣的離職原因，像是因為媽媽或太太不喜歡公司而離開的，也有因為放在冰箱裡的東西經常不見而不開心的，還有因為車子送修後不方便上班的。

當上主管後，聽到同事想要離職，有時會忍不住感嘆。現在的年輕人，先不提能力，因為能力是可以慢慢培養的，他們比起年輕時的我更有創意，也更有主見。可惜美中不足的是，相較於他們聰明靈巧的腦袋與神來一筆的反應，解決難題的意願、以及心理的抗壓性通常是不夠強大的。因此，很多真正的離職原因，是受不了有太多細瑣事情要處理，或是遇到不對盤的同事關係。

之前朋友曾開玩笑說：「過去經常聽到老闆或主管跟人暢談工作理想，後來發現大家都搞錯了，原來大部分人的理想是不用工作。」

當然，不用工作還能輕鬆過生活，任誰都想要。不過，在不工作之前，得先有本事做好自己該做的工作才行。

假使你正準備離開職場去創業，也希望你已經明白真正想要做的是什麼，也考慮清楚其中的細節，而不是因為和同事相處不來，不是看不慣老闆或主管的豬頭判斷，也不是不想再看客戶的臉色。若是抱持這些不爽、憤怒而離開，建議你先靜下心好好思考自己真正要的是什麼，好好思考自己的問題所在，否則，將來還是會遇到同樣的難題。

曾經有年輕人請教我轉職的建議，我只說：「轉換工作環境之前，不如先轉換自己的心情與態度。」即使最終還是選擇跳槽，但如果心態調整好了，做什麼事也會比較順利，不然，一直換工作也是挺累人的。工作不會配合我們，而是我們要調整自己去配合工作。

或許，對有些人來說，與其花費時間去面對並解決這些問題，不如另起爐灶重新開始還比較輕鬆。逃避是人的本性，而我也不是那種很厲害、凡事都不會逃避的人，也不會去指責別人的不面對。但，我會時常提醒自己，**逃避無法解決問題，只是把問題暫時擱置，現在逃避的事情，未來終將還是要面對。**

萬一你是因為看不慣別人的做事態度而離開，那麼，在其他地方也會遇到類似的情形。若是創業的話，這些問題將會更嚴重、也更麻煩。

在現實生活中，有太多人的想法你無法苟同，你無法理解他所下的荒唐判斷，也不能明白他的莫名其妙邏輯；但，只要把自己該做的事情做好，把該說的話說清楚，該負的責任好好擔著，其他的就別理會太多。

先別急著懊悔自己所待的工作環境，說不定，就算嘗試了其他工作環境也會感到不開心、不如意。因為我們心中難免會有迷思，認為不屬於自己的生活比較好，一旦置身其中，就會發現原來不是自己想像中的那一回事。

與其抱怨、羨慕，或是再次投入另一個不開心的工作環境，不如先試著面對眼前的不開心與不如意。敞若能在那些問題中慢慢成長，能力增進了，自然就能做自己真正想做的事情了。

#理想：年輕時經常掛在嘴上，工作幾年後，就連放在心裡都會忘了的一種目標。

你認為很棒、很喜歡的工作，
一旦真正投入了，
很可能會發現它的背後，
也是充滿了
雜事與你不喜歡的部分。

我們總是羨慕那些能夠從事自己心目中理想職業的人，或是夢想自己有一天也可以投身於那些看起來光鮮亮麗的工作。因此，有時也難免會抱怨起目前的工作，需要處理許多麻煩的雜事，還要面對討厭的廠商與客戶，於是，期盼自己能夠早日脫離目前的環境與工作。

可是，在你投入下一個環境之前，無論是不是夢想的工作，都必須先做好心理建設：「任何工作或職務，絕對都會有令人討厭的部分。」

一旦開始去做我們心目中想要從事的行業，日復一日地，處理差不多的工作之後，便會發現原本以為有趣的事情漸漸變得無趣了，甚至，所衍生的雜事遠比你想像中的還要瑣碎、還要龐大。

我想，沒有人喜歡做雜事吧，但不要害怕去做，也不要對於任何工作抱持過多的期待，很多你認為很棒的工作，只要開始進行後，就會發現背後也是雜事一堆。如果做不了這些細瑣之事，那麼，也不必談什麼夢想了。能夠實現夢想很棒，但實現夢想之時卻害怕做雜事，是很難體驗到真正的樂趣。

如果沒有認清每個工作的本質，不管你從事的工作有多麼喜歡，最後都會敗興而歸。

無論想要實現哪一種理想，都得先調整好自己的心態，在工作中找到某些自己非常喜歡的部分，然後盡量把它放到最大，否則，熱情是很容易被消磨殆盡的。

不管工作是大還是小、是簡單還是困難、是輕鬆還是麻煩，大部分都是在重覆做類似的事情，時間一久，難免會感到乏味。但，只要找到當初喜歡去做的原因，好好享受其中的樂趣，把那些擾人的、無趣的部分當成是對自己的挑戰，用這樣的心態來面對工作，才能做得長久。

想要成就夢想與想要做大事是優點，但別讓它不小心成為前進的絆腳石。任何大事，都是由許多小事所組成的，在最後回甘之前，總有難以避免的苦澀時期；用做大事的心態去面對小事，能將小事解決了，才有能力去完成你心目中的大事。**不要小看那些瑣事，我們做過的每一件事，我們受過的每一次**

歷練，都可能會在人生中某個關鍵時刻造成決定性的影響。

人生不是坐著、等著，就能欣賞到夢想中的美景，而是要起身前進，才能抵達在它之前。

我們行走的道路並不會一直順暢無阻，遭遇的一切也無法全如所願，當你心中已經預想好即將碰到的難題，也就表示你已經準備好面對那些棘手的挑戰，那麼，問題將不再是問題。

解決眼前困境的重點未必在於你的工作能力，而是你面對負面情緒能夠即時轉念的態度。

 # 雜事： 分成兩種，要用腦的與不用腦的。大家討厭的，通常是用腦的；做不用腦的雜事，其實挺療癒的。

你已經下班了，
也請記得
要讓自己的心跟著下班，
若還掛念著工作，
那表示你根本還沒下班。

有些人經常在公司留到很晚，也不是在處理公事，而是在做一些無關緊要的工作或私事，只是怕早點離開會被人說閒話，或只是在等老闆離開。明明人在公司，但心早已飛出門外，這樣的加班究竟意義何在？

當然，也有些人一旦全心投入了工作以後，或許是使命感，也許是責任感，可能單純是自己放不下。即便下班了，人已不在辦公室，心卻還繫著工作，許多解決方案、執行細節或工作行程一直在腦袋裡打轉，這根本不算是下班，只是離開公司、換了地方繼續工作而已。

願意全心投入工作固然很好，以前的我也很常把工作帶回家，或是在私人時間想著工作，但長久下來，發現這樣對自己的身體及心理都造成很大的負擔；同時，也對身邊的家人與伴侶不公平，人明明在家，卻沒有好好陪伴他們。直到自己慢慢改變工作方式，盡量準時下班，將事情做有效率的分工，也充份信任同事的處理能力，下班之後除非必要，一概不處理公事。現在回想起來，這樣的改變並沒有讓工作成效降低。

下班後不再思考工作，並不等於不認真工作，反而是好好休息、好好放鬆，這樣才有充沛的精力繼續接下來的工作。或許，有些人覺得認真賺錢才會有生活品質，但也別為了賺錢而毀了生活品質。

對於事業有使命感很棒，願意承擔起工作責任更值得讚揚，想要迅速完成交辦的任務也沒有錯。但是，那些愛你的人並不需要你多麼飛黃騰達，他們只期盼所愛的人能平安健康，多一些彼此陪伴的相處時間。

請不要一直使勁往前衝，而是懂得休息再向前。走累了就要休息，你已經很努力了，讓自己好好喘口氣並沒有錯。

請試著放下「就是因為不肯犧牲自己時間才不會成功」的執拗。除非是自己創業，否則我們那麼努力了，但得利的還是那些公司大老闆。完成自己的份內工作，行有餘力再幫忙同事，這樣就已經是功德圓滿，不然還要犧牲多少才夠呢？

成功的定義並非單一，能夠好好體會並享受生活，那也是一種成功。

或許有一天，**你會發現最成功的不是自己努力認真工作，而是終於懂得適時休息。**好好休息，聽起來簡單，但其實，對於認真的人來說並不容易。調整步伐、放鬆身心，工作其實更能做得又快又好。今天好好工作了，也請好好休息，明天又是美好的開始。

不必給自己太大壓力，放空心思，就是一種讓自己可以重新開始的方式。請給自己一點時間。無論是放鬆的時間、相處的時間、思考的時間、原諒的時間、接受的時間，或者是幹譙的時間。

 # 休息：每個人明明都需要的，卻有不少人做了覺得內心有罪惡感的一種行為。

上班結交朋友
並不值得花心思，
先求不樹立敵人就好，
能夠妥善完成任務
才是優先選項。

在你的觀念中，公司就該像個大家庭，彼此相互照料、感情融洽。也許你的個性就是愛交朋友，喜歡與人打成一片，卻沒想到同事之間的關係很冷淡，甚至，你的熱心反而會把氣氛弄得更僵。這樣的氛圍讓你感到洩氣與沮喪，認為這個環境並不是自己所嚮往的如家人般彼此關心照顧，或像兄弟好友般願意彼此情義相挺，因而動了離職的念頭。

同事之間能夠彼此相互照顧，然後為了共同目標而大家一起努力的氛圍當然很棒，只是擁有這樣和樂融融的企業文化並不多，可能在小型企業的機率還比較大。一旦公司到了一定規模，制度與規定就會讓它走向僵化及理性。

事實上，職場本來就不是讓人以「交心」來建立關係的地方。必須要先明白一件事：絕大多數人是為了過生活才去上班的，他們單純只想用自己的腦力與勞力進入企業以換取所得而已。交朋友並不是他們的優先選項。

職場關係的重點是——**把自己份內的工作做好，不要影響到別人，把該做的任務做好，自然就會贏得他人的尊重與好感。**

「做人」固然重要，但不把事情做好，別人連讓你做人的機會都不會給。在職場中，良好的同事關係並不在於你花了多少時間噓寒問暖，也不是你花了多少精神投其所好；而是你在自己的位置上展現出該有的價值。刻意地討好，故意地迎合，只會讓人覺得你缺乏專業、又不會做事，與其如此，還不如用自己的做事能力來讓人信任、讓人尊重。

喜歡交朋友並沒有錯，那可是很棒的人格特質，只是在公司裡，你必須先把結交朋友放在次要，先努力完成手邊被交派的任務，好好扮演自己在公司裡的角色，心有餘力再協助同事完成工作，至於與同事間的關係就別強求，合得來的人自然會慢慢走在一起，合不來的人再怎麼討好也沒有用。

如果你真的很在意人際關係，不如先調適自己的心態，就算再怎麼受人歡迎，個性再怎麼討喜，都不可能讓每個人都喜歡你，更不可能跟每個人做朋友。職場裡難免會牽扯出權力、金錢、競爭與責任，在這樣充斥著利益衝突的環境裡，「朋友」這個角色其實是很難扮演的。

不求每個人都要喜歡自己，只要有不少人認可你的實力、支持你的決定就足夠了。同事的討厭、反對，多少會影響到自己的工作表現，但只要完成該做好的事，就不怕別人的攻擊，穩穩地屹立在自己的位子上。

公司從來就不是用來證明人緣好的地方，同事未必能成為朋友，但我們可以從他們身上找到值得自己學習的部分，一同在工作上成長。或許某天終將在人生道路上分道揚鑣，可是你會發現，他們或許不是能夠情義相挺的好朋友，卻是在工作中能夠共同合作的好夥伴。

#做人：很多人以為在公司只要做好這件事就夠了，但這只是基本，老闆還希望你也能順便做牛做馬。

別人的決定與判斷，
或許不是你能接受的；
不如試著接受現況，
其實也沒有想像中那麼糟。

你可能曾在職場上遇到類似的情況：長久以來，都是用同一套方法在處理工作的，但，主管偏偏要推行全新的作業模式，要求大家用完全不熟悉的流程去處理原本熟悉的工作，你認為那根本是浪費時間與資源的決策。或是，主管或同事做了某個決定，以你的多年的經驗判斷，怎麼看都是不智的抉擇，於是開始消極以對，不願配合對方的做法。

若遇到類似情況，老實說，不必先急著否定別人的選擇，說不定你建議的方法也沒有比較高明。我們只是很習慣地用自己的經驗與邏輯來思考事情，很有可能只是看待事情的角度不同，本質上並沒有是非對錯，與其抱怨、抵抗，還是將自己該完成的事情做好比較實在。

不要一味覺得別人的能力不夠好，也不要始終認為別人的判斷有問題，很可能只是他們所看重的，與你心中的答案並不相符。同樣地，不要覺得是自己的想法不對，只是彼此的優先順序不同，看待工作的角度也不同。

或許，事情的最後走向與你的期待有落差，但也不必感到失望，只要下判斷的人願意承擔自己的決定就好。不如放下己見，試著全力支持，說不定還能從中學習到意料之外的經驗。

在職場上，大部分的麻煩都是來自於「人」。每個人都希望自己的工作能被人支持，希望自己的意見被人接受；但反過來，別人何嘗不是也希望如此呢？如果堅持己見未必能成功，能夠去支援他人的工作、接受對方的意見，其實，也是另一種成功。

在工作中，我們最該接受的是成功不必在我。要明白自己不可能萬事精通，同時也要懂得別人不可能事事圓融，難免會有沒照顧好周遭他人心情的情形發生。

工作當然不可能一路順遂，是否能完成任務，不只是決定於個人的職能專長，還有面對他人反對或無人支援時的態度。該衝刺時就努力向前，該退讓時就放下成見。相信自己，也要支持夥伴，時時提醒自己：**工作，不是生活的全部，只要能完成任務，不必什麼事都非得用自己的方式不可。**

總有一天你將會發現，最難得的不是自己能夠把工作做好，而是終於懂得接受無法改變的現況。要接受一個自己原本不認可的事情，難免會感到無奈，可是，當你去嘗試了那些平時不可能會做的方法，很可能將發現自己過去的堅持實在太愚昧，有了這種嶄新的經驗，對我們來說，或許是寶貴的人生財產。

自己所認定的，可能是正確的，但未必是最好的，試著走別人帶領的路，說不定會出現讓人驚喜的風景。

 # 邏輯：每個人都不相同，各自有自己的一套，聽到別人的那一套有時就忍不住想翻白眼。

有時，並不是事情困難，
而是你把事情想得太難。
問題不在於工作內容是什麼，
而是你能做到什麼。

在職場上難免會遇到一些棘手的工作難題，或是要投入從未接觸過的陌生環境。這時，若沒有足夠的信心，又不是在所熟悉的狀態下進行，會使得看事情的角度顯得消極，對於自己所下的判斷也會多一些遲疑。

這些都是自我限制，把眼前的事情想得太困難、太麻煩，其實，我們並沒有想像中那樣無法適應現狀。不妨試著轉換心態吧，雖然無法決定事情的走向，但至少可以選擇用什麼樣的心情去面對。有些事情既然已成為現實，不如嘗試著去面對，完成被交派的工作。

人並不完美，不可能每件工作都能做得很好，而工作也不會因為你而改變內容，我們能做的，就是想辦法完成手上的工作，以及適應身邊的環境。能力尚且不足也無妨，先做自己做得到的就好。若一個人明明有能力卻不願好好用心，那才是對自己與工作的不尊重。

沒有人天生就會做好事情，也沒有人規定對工作必須要用心。做好該做的事、又願意對工作用心，這通常是因為你不想造成同事困擾，並且想對自己的良心與責任有所交代使然。一個人能對自己的工作用心，就是了不起的決心。因為你明白，或許公司或同事會對不起你，但你無論如何都要對得起自己的工作。

生活並不輕鬆，工作也不容易，偶爾需要抱怨，難免需要發洩，如果不調劑一下，遲早腦內爆炸。但，一直抱怨是沒用的，若沒有想辦法突破現狀，就是得認命順從現狀過日子。如果你不想改變也不想認命，這樣的邏輯不是很奇怪嗎？

不必一直抱怨工作困難、麻煩，我們是有選擇權的，不是選擇好好解決它，就是選擇認輸徹底放棄。既然你放不下自己的責任，情緒發洩完了，就重整旗鼓再嘗試，只要願意嘗試、願意學習，所有工作難題最後都會迎刃而解，遭遇到的那些困境最後也都會化險為夷。

一個人的成熟或許跟經驗有關，但心態的影響應該更大。

被人批評、誤會，或是在工作上遭受失敗，無論年紀多大，該生氣的還是會生氣，會難過的還是難過，並不會因為年紀長了就百毒不侵。是心態轉變了，懂得接納不同的意見，學會在失敗中記取教訓，明白與人爭執、抗辯是沒用的，我們能做的就是讓自己更好。

照顧好自己，處理好工作，是自己的責任，沒有人應該協助你，而願意幫忙的人就該好好感謝。

期許自己要能解決任何難題與面對全新挑戰，不是為了向公司交代，而是給自己交代，代表你過去所經歷的一切並沒有白費。你可以證明，只要是自己想做的，最後你都能做得到。

#腦內爆炸：想說的氣話、垃圾話、髒話一直在腦內堆積，循環沒有出口，最終超過負載的一種瞬間能量釋放。

人際日

relationships day

我們既不是佛陀轉世，也不是耶穌降臨，來到世上並不是為了要來寬恕或愛護每個人。身為人就會有喜惡，我們要學習如何與那些討厭的人共處。

用善意去理解別人的惡意，
用珍惜去感謝別人的用心；
別讓自己的心意成為別人的壓力，
讓自己的付出成為人生的投資。

總會有各種類型的人，在我們似長似短的人生裡來來去去。有些是來上課的，有些是來給予支持的；有些是來讓我們逐漸變好，有些是來為我們承擔；當然也有帶來痛苦與難過的。漫長的人生旅途中，與人之間，有相遇也會錯過，最終仍會有人願意與你一起跌跌撞撞，慢慢摸索出將來的方向。

若是能碰到合得來、又能夠相互扶持的人，簡直是難得的幸運。可惜，更多的遇見，卻是冷漠與無情。人一走，茶就涼，是一般的社會通則；人剛到，茶已涼，這才是常見的人情冷暖。

我們沒有必要因為別人的不友善就以牙還牙，或是無故遷怒他人。任誰都有情緒，但不代表不開心了，就要別人跟著自己不開心。試著為自己注入一些溫暖、成熟與體貼，那是加深人與人之間連結的催化劑。盡量用善意、關心與理解，讓身旁的人感到安心。

難免會遇上和自己無法相處的人，卻不表示他們是糟糕的人。有時，我們好像感受到對方的惡意，很可能只是彼此的想法與做法不同。試著站在對方的位置思考，去理解他的態度為何如此，「為什麼會這麼做？」「為什麼會這麼想？」這樣一來，比較可以接受對方與自己的不合拍，也會樂意給予對方一點點幫助。

要記得那些在你難過時努力逗你笑的人、在你擔心受怕時陪伴你的人；要感謝那些在你受委屈時仗義執言的人、在你需要幫助時伸出援手的人。正因為有了這些人，讓我們深信這世上不是只存在著冷酷，還有火熱的溫暖；讓我們沒有因為現實而變得現實，而是成為仍然願意適時給予他人幸福的人。

不要一直想著要去改變或補償別人，這種自以為的心意，在別人眼中，說不定是一種無形的壓力。不妨試著將「改變」與「補償」的想法拿掉，而是要單純地去支持或協助一個人，對方需要什麼就給予什麼。請記得，我們要給的是幫助，而不是壓力。

不被接受的善意，就是一種浪費。

有些人認為付出就是失去，千萬別這麼想，要把付出當成是投資。因為付出而感到快樂，因為快樂又想要分享，分享之後可以獲得更多的反饋。

善意、開心、關愛與幸福，這種**正向的力量都需要與他人分享、彼此交流，否則，那些美好就會像沒得充電的電池，不停使用卻沒有補給，終將流逝殆盡。**學會給予溫暖，才能獲得更多溫暖；懂得付出，才能有更多回報。做人不要太計較，凡事不要愛比較，將心胸稍微放開一些，給別人方便，自己也會得到方便，讓別人快樂，自己也會得到快樂。

我們未必要多麼熱心、熱血、熱情，只需要成為一個真心、貼心、善心的人就好了。

 # 付出：就是「很多人不是不願做，怕先做了會吃虧，結果大家都在等別人先做，就都沒人做」的一種行為。

有些事你只需對自己負責，
不必多作解釋，
除非這件事會影響到別人。
有時，太多的解釋只會為自己
帶來不必要的麻煩而已。

多數人都希望自己能被身旁的人所喜愛，並且被支持著。因此，每每在決策一件事時，往往會以「這個決定是否為身旁的人所期望、所想要？」來做判斷。當下定決心選擇了某個答案後，就會非常期待別人能夠理解自己的想法，若是對方不了解或有所誤會，便會傾全力去說服、去澄清。

在意別人的意見與感受，那是體貼。若這件事情與他人沒有直接的關聯，也不會造成別人的麻煩，那麼，倒也不用過份在意他們的想法，而是順從自己內心的渴望，去嘗試真正想做的，萬一最後失敗了也無妨，反正沒有人能幫我們承擔，終究還是要自己負責。

每個人都有適合的角色，何必硬要扮演他人期待的角色？這種需要演出來的，通常畫虎不成反類犬，演得卡卡又彆扭，別人也未必喜歡。不如把適合自己的角色負責到最好，雖然還是無法顧及某些人的喜好，但至少是自己心甘情願、也能完成到盡善盡美，說不定還更有可能吸引不少人喜歡呢～

人的想法既複雜又主觀，不必期待每個人都能理解自己，也不要天真認為多

數人的想法會與自己相同。我們的主觀價值會影響對每件事情的判斷，可以試問自己，你真能認同每個人嗎？若無法，那又怎麼能讓每個人都認同自己呢？當一個人已經認定事情該怎麼做了、結果是什麼了，即使再多解釋，在他的眼中看來，那全都是辯解，那全都只是想要撇清、脫罪的片面之詞。

如果這是你自己的事，並沒有造成其他人的傷害，甚至連影響都說不上，究竟你何罪之有？

很多時候，當人與人之間已經形成了既定成見時，你的再多說明、再多接觸，都無法扭轉對方看事情的想法，只因為你們之間從根本的價值觀就已不相同，多餘的解釋也難以拉近彼此的距離，反而會衍生出更多的誤會，說不定他對你的反感指數只會飆高而無法轉降。就拿老鷹與老鼠相比，兩者的思考、邏輯與視野是完全不相同的，再努力溝通也是白搭。

那些你需要負責任或自己真正想做的事情，與其花時間與精力向別人解釋，不如把那些時間與精力全用在落實自己的想法，或者是改進已然發生的錯誤。已經發生的事實，不必再去多做解釋，總有一天會被證實；而尚未發生的事情，也不用我們多做說明，還是得等到發生的時候，才會明白結果的好與壞。

沒有人可以代替你過生活，你只需做好自己該做的事，因為這樣已經不容易、也不輕鬆了。

#掩飾：大部分在做的人覺得自己做得很好，而旁邊看的人卻覺得他演得很蹩腳的一種欺瞞方式。

喜歡一個人，
就算他臭臉，你也覺得可愛。
討厭一個人，
就算他示好，你都覺得噁心。
這就是成見，
當然有可能改變，但難度很高。

每個人都有自己的思考邏輯、自己的價值觀，當然也有自己的愛惡偏好，因此，對於生活周遭所發生的任何事都自有定見。不管你承不承認，對於他人的外表、心態、做事方式，以及待人處事，甚至於飲食習慣等，在你心裡或多或少都存在著成見，亦可以稱之為偏見。

沒有人能夠做到真正的公平、公正，任誰都有愛或不愛的東西。有時，總以為自己是對事不對人，會責備、批評一個人，那是因為他沒有把事情做好。一旦你覺得某個人經常做錯事或下錯決定，當那個人之後不管做了什麼，你的下意識裡便早已主觀認定他就是個總把事情做差了、下錯判斷的人。

而且你根本沒有察覺，這時的自己其實已經變成對人不對事，就算那個人沒做錯事或事情根本沒那麼嚴重，你也會完全受不了。在你的框架中，就已經認為他肯定有問題，然後沒事變有事，小事也成了大事。

不妨想一想，當我們認為某些人的做事方法與思考邏輯簡直是令人匪夷所思、不可理喻時，說不定對方也正懷抱著同樣的心情看待我們。因為每個人的成長背景、社交圈，或年齡層完全不同，彼此之間也沒有任何交集，因此，如果價值觀與思考邏輯會背道而馳也不用太意外。老實說，在這種情形之下要溝通，效果很有限，因為雙方是無法完全理解彼此的想法，以及言語之中所藏有的涵義。對立，就此形成。

除非有人願意放低姿態、放下成見，心平氣和地交換想法，稍微的妥協與讓步，僵局才有機會被打破。遺憾的是，多數結局是不得不的保持距離，因為無論如何都無法理解對方的想法，硬是要接近，只會產生更多磨擦與傷害。

請記得，沒有人應該要喜歡你，無論是在哪一段關係裡，友情或愛情都一樣。**不是全世界都是圍繞著你轉，相對地，你也不該只繞著某個人轉。**

我不喜歡吃榴槤，如果你硬要我吃，我可以勉強地吃，但並不會因為願意吃了就會變得喜歡。這就是我的喜好，當喜好已經形成，就很難改變。願意去吃，純粹只是不想讓它成為彼此關係上的障礙。

既然明白了每個人都有自己的價值觀與喜好，當有人質疑你的做法、反對你的想法，甚至討厭你這個人，勢必會令你感到痛苦難過，但最終會有對這些衝突而釋懷的一天。因為你知道，自己不可能改變別人，就像別人無法改變你一樣。面對那些對於自己的誤會、成見與非難，只能一笑置之，就算笑起來很苦、很醜也沒關係，笑著笑著，這一切便會慢慢消退不見。

你的任何決定與做法，都是起因於自身的價值觀，別人的價值觀是無法套用在自己的身上。我們也不要一直試圖用自己的邏輯與喜好去影響他人或評價別人，會改變的，自然會改變。

不能因為我不喜歡吃榴槤，就不准別人吃榴槤啊。

#偏見：一旦形成了就很難改變的偏執觀念。很多人都覺得自己沒有，但通常都存在很多。

習慣獨來獨往並沒有錯，
不必勉強自己融入團體裡，
選擇自己最自然、最舒服的狀態
與人相處就好。

有次，我聽見老媽很驕傲對著親戚說：「阿飛小時候很乖，別的小孩在頑皮搗蛋，他都一個人坐在角落玩自己的玩具，不會跟著其他小孩，不吵也不鬧。」說實在話，我媽的觀念怪怪的，這應該不是很乖，其實是孤僻、無法融入同儕吧？一般人看到小孩有這種行為舉止時，都會擔心他有沒有問題，不會是自閉症吧？結果，她不擔心就算了，反而還引以為傲呢！幸好，長大後的我沒有自閉症，雖然隨和、好相處，但真的不太擅長社交，也不太習慣與人交心。

之所以會提到飛媽說的話，只是想證明我從年幼時期就非常習慣獨處。我很耐得住寂寞，懂得打發自己的時間，很享受一個人的狀態，光是在家獨飲咖啡、聽著音樂，閱讀或上網，這些對我來說都是既充實、又愉快而能填補時間的事情。

一個人可以做好多事，比方說，到影城看電影、上餐館吃火鍋、去風景區走走，就算獨自去做也不會有什麼特別奇怪的感覺。但這些事情卻是我經常聽到別人說，要是一個人去做絕對無法輕鬆自在。每個人的個性不同，當然不一定可以像我一樣可以適應獨處的生活方式。但，如果連一個人的生活都過不好，怎麼可能過好兩人份的幸福？在愛情裡頭，有很多時候是需要面對獨立與自處的，假使做不到，這段感情很容易迎向崩壞。

面對愛情，要對別人好，便要先懂得對自己好；你要喜歡別人，就得先懂得欣賞自己。愛的美好，不是等著別人給予，而是必須自己先給予，把自己的生活依附在別人身上，那是不負責的任性，也是不穩當的危險。

一個人，只是生活的一種方式，不是什麼困難的狀態。難免寂寞，卻也不必感到失敗或無奈，如果不懂得一個人自處，又如何與其他人相處？自己想達成的目標不要指望讓別人來完成，而是找到一個適合的夥伴，一起創造共同的目標。

如果你想要習慣獨自面對生活，首先就要改變「認為自己一個人做是奇怪的、可憐的，或寂寞的」想法。一個人看電影可以選擇自己想看的，不必為了迎合別人而錯過；一個人旅行可以視當下的狀態隨時更改行程，不必考慮別人是否喜歡；一個人吃飯可以專心品嚐食物的美味，不必分心去思考聊天的話題。一個人做這些事，不必感到不好意思，因為多數人根本不在意你，只有自己在意而已。

我們不該期待每個人都會喜歡自己，也無法跟所有的人都合得來。萬一有人不喜歡你，甚至夥同別人一起排擠你，那種只剩一個人的心情，肯定既難過又氣憤，**正因為只有自己，才要試著堅強，找到可以排解心中難以抒發的方法，即使做不到處之泰然也不要輕易示弱。**那些喜愛欺負、排擠的人最喜歡看到招架不住的模樣，一旦畏縮了，他們就會乘勝追擊無法停止。

可以享受一個人的日子並不是多麼厲害或值得炫耀的事。每個人就該懂得照顧自己、善待自己，畢竟生活要自己認真過，別人也要先過好自己的生活，有閒暇、餘力的時候才能陪伴彼此。

獨立，不是獨善其身，也不是置身事外；更應該懂得待人接物、尊重別人，以包容的心體恤身邊的人和事，同時保有自己的想法與態度。

無論是生活、愛情或人際關係，學著適應一個人的時間，不要因為寂寞而戀愛，也不用勉強與人交際，用最舒適的方式面對世界就好。

一個人，其實不難。

 # 交心： 照字面解釋，就是「把心交出去」。難度很高，大家都想保護好自己的心，誰都不想掏出來讓別人糟蹋。

在感到寂寞的時候，可以試著做一些事，
或許不能解決寂寞這件事，但說不定能先處理好其他的事情。

我們必須找出適合自己的排解負面情緒的方法，
沒有人可以突然變得樂觀豁達，而是慢慢懂得怎麼與負面情緒相處。

除了看臉書，請記得要找時間看看書。我覺得，臉書可以讓你和這個世界有所互動，書本則可以讓你發現不同的世界與心靈的感動。

不要用自己的時間去批評別人的生活，不要用別人的意見來決定自己的生活。

如果真的很疲倦了，真的不想努力了，
真的想要放棄了，那就放慢腳步，停下
來休息並不是罪過，沒有好好照顧自己
才是。

獨來獨往只是一種性格，善良體貼卻是一種心意。
性格雖然是天生的，可是心意卻是自己可以控制的。
雖然拙於表現，但我相信我們的心意，對方可以感受得到。

你的世界不是圍繞著自己成立，而是因為有了身邊的人事物才成立的。

願意挺身相助的，是你最親近的人，
可是最容易在背後捅你的，也是你最親近的人。
人本來就是複雜的、會改變的。
有時會伸出援手的，可能是原本你不太熟識甚至是討厭的人。

難免會有不知珍惜的人，
可是，那樣的人也很容易被糟蹋。

你一定在生活中聽過某些人的「事蹟」，像是把別人誠心對待不當一回事，或是把別人對他的好視為理所當然，像這樣不懂珍惜他人善意的人，其實在愛情、友情、親情方面，一點都不少見。

這樣的人很容易在態度與言語中散發出濃厚的「不尊重」，說話不經思考，總是心直口快地傷害別人，卻又要求別人理解這是因為他們直率坦誠的個性。然而，**直率坦誠並不等於傷人，那些真實的內心想法必須修飾到對方可以接受，否則只不過是不成熟的壞習慣罷了**。或許，別人可以體諒幾回，但再多就沒有了，因為你得先懂得體諒。互相尊重，永遠是與人相處最基本的原則。

有些自以為幽默的人很喜歡挑戰別人的底線，明明說話的內容與所做的事情一點也不有趣，卻喜歡不分場合輕佻浮誇、毫無禁忌。不是生性善良、願意對你好的人，就該忍受你的戲謔嘲弄。這不是幽默，只是在展現自己的不知輕重。

沒有人就該理所當然地讓著你，沒有人就該義無反顧地護著你，沒有人就該天經地義地忍著你，不懂得珍惜這樣對待的人，自然也不值得被珍惜以對。

如果你的朋友是屬於說話不中聽卻不會糟蹋你心意的人，並且願意說出你不好及需要改進之處，這時，我們要衷心感謝他們對自己的「嘴很賤」，如此的誠實與直率。大部分的人都被這個社會訓練得小心謹慎、不說半點真話，鞠躬哈腰、陽奉陰違是常有的事，不再有人會為了別人好而不怕得罪去批評。珍惜這種嘴賤毒舌的傢伙，他的尖酸刻薄，或許只有真正的朋友才聽得到，那是一種真誠不虛偽的友情。

在不熟識的人面前，總會將自己美好的部分展現出來，那不是虛假，而是與人相處的基本尊重。

若你連不好的部分都大剌剌地顯現，對方即使不喜歡卻也選擇包容，還願意指正你的缺點，也懂得欣賞你的優點。身邊有這樣的朋友還不珍惜，那你該珍惜什麼呢？

很多相遇的情形是，一個人興沖沖地走來，兩個人氣呼呼地分開。但也一定有人願意一路上陪伴著你，就算吵吵鬧鬧，或是大起大落。人在情在，那是很正常的事情；樹倒猢猻卻沒散，那才是真正的情誼，請珍惜願意這樣一路相伴的人。

想要的，通常都不在你手中；而在你手中的，卻變得不想要。人生就是在獲得與失去中慢慢成長，在前進與跌倒中逐漸領悟。在我們身邊的人也總是來來去去，懂得珍惜你的人就會留下來，不懂珍惜你的也不必強求，不用執著於某些人對自己不好的態度與觀感。或許，有些人與我們相遇，並不是為了陪伴或讓我們喜歡他，而是單純讓我們在彼此的關係中學習與成長。

珍惜要即時，雖然沒有什麼是過不去的，但有些人事物過去了就再也回不去了。

#真話：彼此明明很清楚的事實，但說出口就是找死。例句：你好像變胖了。

別輕易向旁人訴苦，
只有一成的人願意傾聽，
八成的人沒興趣，
剩下的那些人則會看輕你。

生活中難免會有不開心、不順利的時候，遇到時，總會自我精神喊話，要自己堅強、要自己勇敢度過。可是，再怎麼為自己打氣，還是會有洩氣的時候。這時，心中浮出來的痛苦和委屈多希望有人能夠傾聽、了解。

訴苦沒有不對，它是宣洩負面情緒的方式之一，若把負面情緒一直壓抑在心中，那才是最大錯誤。就像是一顆不斷充氣的球，如果不洩壓，總會有爆掉的時候。

做任何事、說任何話都要適時、適所及適量，更要選擇適合的對象。不是每個人都願意聽別人訴苦、抱怨，以現實狀態而言，大部分的人是自顧不暇，光是處理自己的事情都已經人仰馬翻，光是面對自身的人際關係都已經心力交瘁，更沒有多餘心力再去傾聽他人的痛苦與煩惱。

如果你是那種時不時就對別人訴苦或發洩情緒的人，有些人或許會勉為其難地聽你說上幾句，但，也有些人會在表面上假裝關心，內心卻悄悄地看輕你這個人的性格與處事態度。

你無法去怪罪這些人，不論他是勉為其難或虛情假意，因為他們並沒有聽你吐苦水的義務，我們也不該讓他們無條件去接受自己的負面情緒。就算是垃圾桶，也會有滿載的時候。

偶爾有不好的情緒與遭遇是很自然的，可是，不代表自己不開心，就希望周遭的人也要跟著一起難過。想要成為一個成熟的人，就必須試著學習用「體諒」與「適當」的態度，讓身邊的人不要因為與自己相處而備感壓力。

或許，所謂的成熟，只不過就是學著在別人的面前假裝沒事。

偶爾需要訴苦，沒關係，別人會體諒的。但，還是有很多事必須靠自己。很多事，別人不能幫你做。很多話，別人不能幫你說。很多路，別人不能幫你走。很多問題，別人不能幫你解決。當你感覺不好的時刻，很可能都是自己過去做得不夠好所造成。

面對那些讓你感覺不好的人事物，何不路不轉心轉呢？當你信心滿懷，別人看見的是鶴立雞群的你；當你沮喪失落，別人看見的就是不值得託付的你；當你傷心難過，別人看見的就是脆弱可憐的你。你的外在形象，全來自於你的心。

帶著愛計較、太隨便的心，任何時候都感覺不到快樂，才會想不停地抱怨。**將心放大一些，再帶著一點寬容看待一切，每件事都只是小事，每一天都是好日。**

「人要往好處想。」現在的不開心未必今後就這樣不開心下去，有跌就會有起，開心的時刻總會來臨。或許，要感謝曾經的不快樂，才會更加愛惜即將到來的開心日子。

#苦水：既然都知道是苦味，假使還總是勉強別人陪自己一起喝，這樣的人未免太自私了。

如果做不成別人喜歡的人，
至少不要變成自己討厭的人。

你最常為了什麼事情而煩心？工作？學業？還是金錢？

我曾經想著這個問題，探究不快樂的源頭到底是什麼？仔細推敲之後才發現，全都來自於「人」。希望能被人喜歡、被人接受，還有被人讚賞，於是擔心自己不被對方欣賞，甚至害怕被討厭。深怕自己打不進朋友圈，在意自己做的事情不被認同，老是懷抱著這樣的心情，日子當然開心不起來。

年少時期的我，因為擔心自己不討人喜歡，經常違背個性以迎合別人，那種戴著面具應付一切的生活，讓我十分疲憊。直到過了很久之後才有所體悟，就算被某些人討厭，就算不被某些圈子所接受，世界也沒有因此毀滅，我還不是好好地活到現在。或許最該加強的，不是迎合別人的技巧或隱藏自己想法的演技，而是面對挫折與嘲弄的勇敢。

我們要明白，不可能所有人都會喜歡自己，要看淡別人的不接受，同時也包容別人的不完美，或許這樣不一定會讓你感到開心，但我相信至少可以慢慢放開心。放開心之後，我們就能慢慢釋懷，不是每個人都是能袖善舞的，不必勉強自己去社交，朋友多，不代表生活一定比較快樂，快樂是需要自己發掘的，別人的都只是錦上添花而已。

我們在人生的旅途中，忙著認識各種人，每天汲汲營營，感覺像是豐富生命。可是，真正最有價值的，到頭來還是認識自己。最該努力追求的、認真經營的，就是鋪出一條找回自我的道路。

你，或許不完美，也可能不會受到每個人的歡迎，但千萬別連自己都討厭了。你可能無法知道別人喜歡什麼，但至少會知道自己討厭什麼；自己不喜歡怎麼被對待，就別那樣對待別人。被人欺騙了，就不要欺騙別人；被人傷害了，就不要傷害別人。**不是別人這麼做，你就該照著做，好像跟別人做同樣的事，就不會吃虧。其實，失去那個原本正直善良的你，那才是真正的不值。**

不必羨慕那些受到大家歡迎的人，正因為有太多人的陪伴，當獨自一人時反而更顯寂寞。這樣的人不願自己影響周遭朋友的心情，於是戴著名為「開心」的面具出現在眾人面前。結果，沒人明白他的真實心情，反正讓他又更寂寞了。

在歷經了無數的社交關係之後，我學到了一件很重要的事。不做讓自己會討厭的事，懂得自愛了，做人處事也對得起自己，就算他人未必喜歡我，也至少不會討厭我，就這樣保持友善的態度與適當的距離，如此的交往模式說不定還能維持得長久。

或許有一天你將會發現，最開心的不是自己被人接受了，而是你終於能夠好好接受了自己。

#面具：讓他人看到其他面貌並掩藏真實表情的道具。但，很多人已經練就了不必使用，即可達到同樣效果的功夫。

陪伴你成長的，通常是朋友；
但，真正讓你成長的，
很少是朋友，大部分是敵手。

從小到大，你的身邊至少會有一、兩個很要好的朋友，無聊時一起打發時間，受委屈時起身相挺，難過時陪伴打氣。正因為有他們，你才能安然度過那段對未來徬徨不安的青澀時光。

這些好朋友可能無法一路陪伴，而是在某個時期因為某些原因離開，比方說搬家了、去外地求學了，或是彼此有誤會了。相處時間的長短並非重點，要感謝的是，他們分別在不同階段出現，陪伴我們走過一段不輕鬆的成長路。

但，在這條成長的道路上，真正使你茁壯、成熟與堅強的，不一定是這些朋友，往往是那些曾經傷害你、打擊你，以及看輕你的人。當惡意對待的人出現時，我們才懂得這世上的人情冷暖，才清楚原來有一些人是抱持著競爭與敵對的心態在看待自己。他們時時思考著如何打敗別人，與他人競爭、計較。老實說，每個人都是全然不同的個體，都是獨一無二的存在，明明是各有所長的人卻硬要爭搶相同的目標或位置，豈不是很可惜、也很可笑的事情嗎？

不過，現實社會是鼓勵彼此競爭的，使得很多人會認為除了自己以外的人皆是對手，只要有人靠近便會立即產生敵意。不僅心中討厭，甚至動不動就用言語攻擊，或是借助人際力量來排擠。

你或多或少也會碰上這些攻擊，一開始的傷害讓你不免懷疑，是自己的問題嗎？是自己能力差嗎？難道從此就被人討厭嗎？於是，你開始在心中築起高牆，跟別人較勁競爭。其實，你根本做不來這些傷害別人的事。直到後來的後來，才知道真正的對手，不是別人，而是更好的自己。我們該做的，是想辦法讓身邊的人跟自己一起成長、一起變好，而不是打擊別人只為了坐上更高的位置，卻換來自己的不快樂。

因為那些把你當成對手的人，使得我們把堅強當成理所當然，遇到再委屈的事情都可以一肩承擔，咬著牙硬撐過去。你怕的不是吃苦，而是怕有人替你擔心；你最不願的不是負責任，而是造成別人的負擔。

被討厭的人不一定需要勇氣，只要看開了，就什麼都無所謂了。

有些人會想攻擊你，有可能是你不自覺地踩到別人底線，或者是你有什麼地方藏不住比別人優秀，而這些都不是自己能控制的，所以無法避免。但，也因此讓你明白自己該注意別人的感受，懂得別驕傲自滿。**成長最好的部分，就是找到對自己好的方法，明白要自愛，有一點點自戀，然後適時地自嘲。**當遇上不開心、不順心的時候，便有了調適心態與排解情緒的方式。成長會讓我們發現什麼是重要的，比方說，與別人競爭、與他人計較就是一點都不重要的。

看開了，那些惡意就傷害不了你，能夠傷害你的，是自己的在乎。想要將日子過得舒適自在，就要懂得包容與寬恕，包容那些我們愛的人，寬恕那些誤會我們的人。

我們永遠都有敵人，卻永遠不會變得無敵，但我們的能力會隨著打完怪而不斷升級，說不定還有好戰友陪著你一起衝向下一個關卡。

 # 打怪：我們要過關、升級一定得做的事，通常要得到特定的經驗值才能打特定的怪。比方說，你的耐心值要很滿，才能對付慢吞吞的懶惰鬼。

總會有人讓你知道自己的底線。
但真正厲害的是，
也有人可以不斷突破你的底線。

我們總會假設對方「應該不會那麼白目吧？」或者是「應該不至於那麼笨吧？」但結果往往是——原來他就是。

有些時候、有些場合，總是會有人說出不得體或邏輯不通的話，甚至每一句還帶有攻擊性、針對性的字眼。還有，不時會遇到有些人用異想天開的方法做事，或是用令人匪夷所思的想法來論事。你一直覺得自己稱得上和善、有耐性，沒想到一碰上他們，心中的怒火就這樣輕易被點燃，而情緒爆發的次數簡直比臺灣的地震還頻繁。

與人的相處時，十個人之中，能找到與自己合拍、相處愉快的大概只有一個，通常會遇見八個討厭鬼；剩下的那一個，則是有事發生就要找你當替死鬼的。

這個世界上有那麼多人，或多或少難免遇到無法認同或不可理喻的人，我們無法理解對方的判斷依據為何，也不明白對方的邏輯如何演算，只是他所說的話或所做的決定，都會讓你忍不住翻白眼。你要做的，就是把自己該表達的表達出來就好，別奢望對方都能懂，就像你也不懂他一樣。

沒關係的，翻翻白眼也是一種眼球運動，明天又是嶄新的一天。

每個人都有自己的觀點，我們應該體諒；每個人都有言論的自由，我們應該尊重。但嘲笑並不算是幽默，攻擊也稱不上高雅。待人處事要懂得察顏觀色，說話要留點餘地，期許自己可以體諒並尊重別人。

我知道，你的不說破不是不懂，而是想要保持彼此之間的關係，或是根本不在乎。但，面對一個人的糟糕，還是該設下底線，心中的善意不該被隨意對待。如果一個人總是利用你的善良，對你的好意需索無度，把你的用心當成了心甘情願，這種包容說不定還會害了他。

我們都想當好人，但是對待某些人，偶爾要當個善良的惡人，必須適時點醒對方已經踩到底線了，這樣才是真正的為他好。

既然能夠與自己合得來的人不多，想法不可理喻的人也不少，不妨帶著平常心來看待吧。完全看淡是不可能的，但請不要讓負面情緒停留太久。我偶爾也會因為某些人而煩躁，對某些事情或工作感到無奈，也都還是在每晚睡前原諒了那些人和事。閉上眼睛，清空雜亂的心，過去了就讓它過去。

無論今天發生多麼糟糕的事，明天都會出現不同的境遇，把已經發生的就留在過去，因為我們要保留應付即將發生的未來的力氣。

你的底線被突破了，那就再重新拉一條吧！如果是你突破了別人的底線，也該幫人好好地拉回來。

#底線：一旦被超過了，就會受不了。我們都以為自己設的位置很難到達，但總有人可以輕易跨越。

有時，別怪對方沒有笑容，
或許，他原本的笑臉
已經貼過太多張冷屁股。

有句話是這麼說的：「微笑，是打開所有人心靈之門的鑰匙。」在《只要好好過日子》裡也提過，微笑是我們所擁有的最值錢卻是免費的禮物。笑容是人際關係中減少磨擦的潤滑劑，也是拉近彼此距離的黏著劑。

但，多少還是會接觸到態度冷淡、表情難看，或口氣不好的人，心中不禁犯嘀咕，自己到底是招誰惹誰，何必無緣無故講話口氣那麼衝、擺張臭臉，好想衝向前質問他憑什麼用如此糟糕的態度來對待自己。

笑臉迎人，在人際關係與職場關係中都是值得稱許的態度。不過，我們無法要求每個人在任何情況、任何時刻都能保持笑容，畢竟我們是人不是機器，情緒難免會有高低起伏，無法維持在同一個溫度。明明傷心難過卻還要堆出笑臉，真的有點強人所難，又不是影帝影后，沒辦法演得那麼專業、完美。

若遇到態度不好的人，心裡肯定會不好受，但先別急著責罵，不如試著去體諒，用關心的態度詢問原因，很可能是他原本的笑臉已經貼過太多人的冷屁股，再多的熱情也會被那些冷冰冰的無情給澆熄殆盡。

心難免會累，說不定現在的他只想一個人靜靜地消化掉那些不愉快。明天，再多冷屁股他也都能笑著以熱臉面對。

臉臭不代表人壞，只是沒有預期中的那麼友善。**認識一個人，不是從其他人的嘴巴去了解，也不是從剛開始的接觸就判定，必須靠長久的相處才行，定論永遠不要下得太早。**有些人看起來冷漠，說不定只是慢熱；感覺難相處，其實只是彼此還不熟悉。不如交給時間來琢磨，說不定對方比你想像中還要愛笑、還要友善。

人情冷暖難免，就如同花開花謝，這些你我都懂，有時候自以為夠成熟了，卻還是被別人的情緒或言語所傷。那些傷害總是需要時間來排解。

與人相處，將敏感度調低一些，神經拉粗一些，若將那些話放在心上太久，傷到的只會是自己。有時候，說者無心聽者有意，別人隨意的一句話，都要往心裡胡思亂想一大圈，若是都這樣對待每個人所說的話，未免也太累了。

一個人成熟與否應該和自己的選擇息息相關，選擇只說該說的話、只做該做的事，只愛該愛的人。人與人之間的感情也許可以比喻成玻璃杯，太過謹慎地捧著它，反而會讓人覺得太慎重而心生退卻；一旦不把它當成一回事，就容易摔得支離破碎，再也恢復不了。這其中的分寸不好拿捏，是一生的課題。如果在你身邊的人是鋼杯，那一定是上輩子燒好香。

如果我們自己能先成為鋼杯，待在身邊的人就更有機會是鋼杯。如果可以，再試著讓自己升級成能夠保存溫暖的保溫杯吧！

 # 冷屁股：屁股通常是熱的，會變冷，一定是之前坐在冰塊上太久，不好受啊！

不必拿別人的秘密
來增進我們的友情，
因為我不希望自己的隱私
被拿去討好別人的交情。

交朋友應該都是抱持著信任的態度，想法也很單純：就因為是朋友，才分享彼此的心情，所以暢所欲言，例如，說一說對其他人的看法、討論某些事情的感受。但，有些人交朋友的方式會讓彼此的信任度瞬間降到冰點。因為他向來習慣討好別人，又想展現自己消息靈通、人緣特好或交友廣闊，那張嘴總是會毫無遮攔地將朋友告訴他的事說給別人聽。

這樣的舉動是錯的嗎？他只不過是想要討好別人，又想刷存在感。可是，利用朋友的秘密、隱私來展現自己的八面玲瓏，那可不是什麼值得鼓勵的事，卻是許多人都會犯的毛病。他們希望別人接納自己，卻忘了無論我們做什麼，還是有人不買帳。或許有人喜歡聽八卦，但我相信有更多人不喜歡探人隱私。真的沒必要把時間與精神花在討好別人身上，何況是用自己或朋友的私事去交換更加不值得。試著做好自己，自然會吸引到適合自己的朋友，根本不用費心討好。

交朋友並不是用來證明人緣好，也不是排遣孤單，而是從他們身上找到自己該學習的地方。朋友是會為了你的快樂而快樂，為了你的難過而難過。我們從不缺玩樂的朋友，也不需要那種愛打探別人八卦的朋友，而是真心相待、彼此相挺的夥伴。

最難過的是，不是被人惡意中傷、冷嘲熱諷，而是當自己想要抒發心中巨大痛苦，藉此尋求他人的幫助時，卻受到輕視或冷淡的對待，甚至被人拿去當茶餘飯後的話題。那是需要鼓起多麼大的勇氣才能向人展示的傷，雖然我們對此無能為力，但至少給予適度的安慰。如果易地而處，也會希望別人這樣對待你。

我們或許不是多麼好的人，但至少可以試著當個善良的人。

我明白被人傷害與背叛的氣憤與痛苦，卻不希望你為此而報復。這種你傷了我便要加倍奉還的輪迴，並不是成長，而是失去，失去了原本那個很好的自己，也失去了與真正值得珍惜的人交心的機會。報復未必會真正成功，到最後只是用自己最討厭的方式在自我懲罰罷了。

如果絕交的時刻終將來到，就算對方跟別人說起你的不是，也不要把對方在開心或傷心時只分享給你的秘密讓他人知道。**一個人願意將那些能讓自己煩惱、害羞或遭人恥笑的事告訴你，在那當下，一定是把你視為值得信任的人。不管對方是前情人或好友，還是要好好記得對方把心交給你的時刻。**雖說我們沒有義務要守護它，但守護的不只是他的秘密，也是自己的人格。

有句話說：「與人相處，最討厭的就是對方不相信眼前的我，卻信了別人口中的我。」

我不喜歡朋友跟我說起其他人的是非。同樣的，我也不希望朋友聽信了其他人所說的八卦。真正的朋友會向本人求證，他會依自己所認識的你去判斷，而不會輕易地聽信單方面的說法。那些不了解你的人，誤信了別人的抹黑，其實也不值得你浪費力氣去解釋；真正的朋友會對那些流言蜚語嗤之以鼻，理解你的過去，包容你的現在，並且支持你的未來。

#秘密：想要最快讓很多人知道某些事時，只要跟一個人說「這是秘密」就行了。

因為擔心被人說閒話，
應該做的事卻不敢做。
但，那些喜歡冷嘲熱諷的人，
究竟什麼時候
才不說別人風涼話了呢？

你發現同事的工作太多，每天都被Deadline追趕，想說自己手上的事情好處理，不如來幫忙分擔，卻害怕其他同事的流言蜚語，誤會兩人之間有曖昧，幾經思考後，還是決定不多管閒事。你認為用A方案來執行才是正確的，可是朋友已經提出B方案，為了顧慮對方感受，既使明知不對還是選擇沉默。你一直想要完成某個夢想，卻擔心別人認為自己愛出風頭，導致你畏畏縮縮、裹足不前，心裡明明很想飛，卻連一步也踏不出去。

做事不難，做人卻很麻煩。老實說，上述的案例都是我們自己想得太複雜了。**有些事情我們知道不該做，可是別人說什麼卻是我們無法阻止的，承擔自己該承擔的，完成自己想完成的，其餘的只能笑罵由人。**想批評的人自然會批評，看不順眼的人也不會突然看對眼，沒氣度的人更不可能立刻肚裡能撐船。

日劇《王牌大醫生（Dr.倫太郎）》主角倫太郎醫師曾經對患者說了這句話：「忌妒，經常是一隻披著正義外衣而來的狼。」

每當有人受到注目時，那些酸言酸語就會因應而生，當有人開始酸你，那就表示你已經成功了。聽到有人在背後罵你，那是我們走在他們前面，因為贏不了而只好改以攻擊模式來試圖拖慢你腳步。其實，當你走快了、走遠了，他們連罵都罵不到你。

你一定聽過：「我們活著是為了做自己，而不是解釋自己。」人生是自己的，只需為自己負責、你只需讓自己滿意。當決定不再在乎別人的看法為自己而活時，難免會有看不慣的人詆毀你，甚至有無法諒解的朋友選擇離開。友誼不再，固然感傷，還是有那一、兩個願意留在身邊的，那才是真心不換的人。

有時，我們會不小心以自己的高度來看待別人的世界。面對那些批評自己的人，就算冷靜地向他們解釋也沒有用，說不定還會被認為是在狡辯；就算選擇不解釋了，也會被解讀是心虛。既然說不說、做不做都會被人誤解，不如忠於自己還比較不吃虧。

對於「滿意」的埋解有太多種，每個人對於「做好」的定義不同，不必用自己的標準要求別人，也不必盲目追從別人的做法。相信自己，若發現自己的不足便虛心學習，看到自己有做好的地方也該自豪，逐步地攢出一點勇氣，才能執行自己真正想做的事情。

因為受到質疑、阻力而畫地自限，或是受到嘲笑、輕視而自輕自賤。或許你會聽到一些雜音，說自己沒勇氣、沒才能或沒耐力，不要浪費時間早點放棄也好。何必為此而消沉悲觀，那些打擊你的言論，絕大部分都不是事實，可一旦聽信了，你也就輸了。

一個人的勇氣與能耐，通常是先從「相信自己」開始的。

#風涼話：就是那種你聽到會感到心涼的話。但，讓你心熱起來並不難，就是「持續做」。

不用勉強自己去接受誰。
有時，不喜歡一個人，
可能是自己的內心
在提醒你避免彼此傷害。

長到這麼大，我們多少都遇過與朋友絕交的情形，或是再怎麼磨合也處不來的狀況。常說要以和為貴，自己也希望與人為善，但，即使裝成若無其事好好相處，還是一個難。要選擇不再與那個人往來並沒有那麼難，可最痛苦的是，曾經要好的兩人必須經常碰面或身處在同個空間裡，卻已形同陌路。

不用勉強自己喜歡誰或別在意誰。那是一種很難訴說的心情，莫名地不喜歡或不在意一個人，好像也只能用頻率不合來交代。或許，不喜歡那個人是來自於內心的提醒，心中早就認定與他交往只會互相傷害，因而保持距離。人的直覺是很奇妙的，剛認識時讓你感到心裡不舒服，最後很可能真的會讓你痛到極點。

不必訝異自己心中的負面想法，出現厭惡、擔心或難過的情緒，有時是一種自我保護機制。它讓我們明白別人與自己的不同、清楚自身的不足，或是提醒此時該小心，阻止自己莽撞冒進，保持適當的空間與距離。

我們的心中一直存在著雙重標準：面對喜歡的人，在寒風中等待半小時都沒有關係；面對不重要的人，坐在暖氣房裡等待三分鐘就開始飆髒話了。不可否認的，我們不可能對每個人一視同仁。對一個人有好感，即使對方犯了錯，可以很容易一笑置之。當成見一落在心上，哪怕對方只是做了一件芝麻綠豆的事，就會被渲染為動搖國本、世界末日之罪大惡極。

你可以不欣賞誰、不喜歡誰，也不要因為自己的不欣賞或不喜歡而想辦法來排擠、攻擊別人。別忘了，這樣對待別人，很可能也會被如此對待。**不喜歡的難道就是錯的？難道是不被容許的？這種以自己的標準來判定也未免太過自大。任誰都沒有任何權力以個人喜好去攻擊或中傷別人。**

不應該讓周遭影響我們，而是由自己的心出發。試著接受他人的缺點，也要包容別人的壞處。有缺點也沒什麼不好，正因為有了這樣的不完美，也是我們身為人的可愛之處。

你不可能喜歡、欣賞每個人，也很可能常會接觸到讓你十分感冒的人，我們既不是佛陀轉世，也不是耶穌降臨，來到世上並不是為了要來寬恕或愛護每個人。身為人就會有喜惡，我們要學習如何與那些討厭的人共處。

有句話是這麼說的：「心若計較，時時都有怨言；心若寬容，處處都是晴天。」抱持著厭惡及與人鬥爭的心態過日子，絕不是跟別人過不去，根本是跟自己過不去而已。

遇到那些心裡無法接受或不喜歡的人，最好的方式就是「保持距離，以策安全」。

#雙重標準：喜歡的人在樓下等你回家，覺得暖心；不喜歡的人等你回家，覺得噁心。

你或許覺得那是自己的事情，
發洩、抱怨及決定都是自己。
一旦影響到旁人，
那是任性，甚至是自私。
人與人之間，要的只有尊重。

經常有讀者來信或私訊我，希望大叔能夠幫忙解惑。前陣子，有人在粉絲專頁丟出一個問題：「怎麼樣才能受人歡迎、人緣好？」唉，那位讀者真的問錯對象了，如果我很受人歡迎、人緣好，怎麼還會在周末假日坐在家裡回答你的問題呢？

雖然我沒辦法教人怎麼變得受人歡迎、獲得好人緣，不過，我至少懂得如何不讓人感到討厭。

如何不讓人討厭？最重要的是——「自重自愛」。所謂的**「愛自己」，並不是自私、不尊重他人，而是願意善待自己，正視自己的感受**。不以自我為中心，不把自己的負面情緒輕易對人抱怨或發洩在他人身上，無論環境再糟、再爛，仍然用心對待每一個日子。

自重自愛，是一種體貼的心態，體貼自己也體貼別人。

自重自愛，看起來不難，卻是很多人做不到的。我想，最主要的原因就在於那些人思考的出發點是「我」，而不是「我們」。在處理事情或思考問題時，要習慣將周遭人們的感受也考慮進去，不將自己會討厭的事情加諸在別人身上。

每個人都有自己的無形圈圈，不是任何人都可以不打招呼就進去的。有時，還是會不小心就越了線，自認為那是在示好，也是為對方好，就這樣擅自替別人決定，不愉快就此開始。說到底，人與人之間需要的是尊重，還要看彼此的頻率合不合。

不要以為我們做的事情、講的話，以及下的決定，都是自己的事。如果你做的事，會造成別人的困擾；如果你說的話，會讓人感到不舒服；如果你下的決定，會影響到別人的權益，那就不單單只是你自己的事了，而是要考慮到其他人的感受與立場。

當你做的某些事或決定受到他人的阻擾，並不是不該做、不能做，而是你只專注在自己的立場，而漠視了他人的意見。不尊重他人的感受，對方又為何要在乎你的感受？又為何要支持你所做的決定？

通常我們會忍不住想要親近的人，他們都擁有想法正面、積極與成熟的特性。如果你不喜歡聽別人抱怨、謾罵與說人閒話，相對地，你也該收起這樣的行為。不然，只會讓人覺得你是個自私、幼稚、脾氣差、喜歡與人計較的人，試想，到底是誰會願意跟這種人做朋友呢？

要讓自己變得受人歡迎、有好人緣，確實不是件容易的事，大部分的原因是天生的性格，也就是人格特質。個性難以改變，但可以學著調整自己的態度與做法，在做任何事與說任何話以前，多為對方著想，多考慮到他人的立場，多尊重別人的感受，像這樣「多一點」，就能看出自己在待人處事上的成長。

有時，我們不是要知道怎麼變得受人歡迎，最該想清楚的反而是——我們怎麼會把自己變得討人厭？

 # 頻率：在期間內某事物重複出現的次數。比方說，你跟某人在一起時，翻白眼的次數。

不搭理，未必是不在乎。
有時是因為太過介意，
才會讓曾經交好的心，
從此被打了死結。

你從不曾想過兩個人的關係會變得如此冷漠。以前是多麼的親近的兩人，如今卻變得不聞不問。

關係會生變，有很多原因。可能是對方一句過於直接的話重重地刺傷了你，看似是無傷大雅的玩笑話，卻正好砸中了痛處，甚至是別人的話語分別在兩人心中留下芥蒂，於是開始漸行漸遠。有時，並不是彼此之間有了什麼，而是因為其他人說了什麼。

每一段關係，剛開始都會客套、禮貌，時間一久，就會漸漸把本性與缺點暴露出來，這樣也無可厚非，在朋友面前本來就要真誠，不必假裝。可是，有些人說話心直口快，很容易傷到別人，就算身為好友願意包容，但每個人會有他的限度，不可能無止盡包容下去，總有一天會爆發。如果不懂得修飾後再表達自己的想法，沒有人應該忍受他的不成熟。

人與人的關係就像是好幾個相互交疊的圈圈所組成，彼此會互相影響，有時在外面的圈圈會破壞了你自己身處的圈圈。有人對你說了朋友的不好傳言，或者對朋友說了你的某些不是，先不論那些事情是真是假，一旦彼此之間失去了信任，你們的圈圈很容易就會崩解。

要培養出一個知心好友，往往需要好幾年的光陰熟成，可是，卻會因為幾分鐘的時間或一件看似微小的事情，就這麼簡單的失去。每個人的心思複雜度，以及對於不同事物的敏感度，很容易因為外人的話語而造成傷害，阻礙了雙方的友誼發展。

正因為是好友，所以少了顧慮，少了尊重，少了查證，才會落得兩人形同陌路的田地。

那些不聞不問的冷漠，未必是不在乎，反而是彼此都太介意了，又期盼對方可以先低頭。然後，曾經交心的感情，便因為有了心結而被打了死結。

冷淡傷害不了你，真正能傷你的，是你的「在乎」。就算分開也傷害不了你，真正能傷你的，是因為你的「珍惜」。我們總以為是別人傷害了自己，其實傷到我們的，大部分都是自己。

一付好像沒有人在乎過，彷彿沒有人認真對待過，那才是可笑又矛盾的偽裝。既然我們在乎，既然我們珍惜，何苦為了一點顏面，硬要假裝無所謂。**要解開死結，總要有人動手，它並不會莫名地迎刃而解，倒不如讓自己坦誠、乾脆一點，試著讓彼此解開誤會、盡釋前嫌。**

與其花時間生悶氣或傷心難過，不如把時間用來釐清事情的真相，或是向對方解釋清楚自己的立場。就算現在暫時不好了，待死結打開，將來的感情只會變得更好，因為你們會更了解彼此的心意與想法。

萬一你們真的無法再度合好，結局不盡人意，也不要太感傷，人與人之間無法強求，至少你知道你們曾經把彼此當成最親近的人，分開是無奈的選擇。

我們要時時提醒自己好好珍惜身邊的人，隨著時間流逝、年紀漸長，對自己好的人只會越來越少，留在身邊的人也會越來越珍貴。

 # 心結：自己很想打開，卻不願動手，或害怕動手後還是打不開的一種心理狀態。

愛情日

valentine's day

愛，聽起來很偉大，但我親身經歷過的，卻是很平庸、很日常的小情小愛。就在這樣的小情小愛中跌倒再爬起，逐漸擁有更成熟的自己。

有時候，
我們只知道拼了命地緊抓，
卻沒看清自己不願放手的是什麼，
往往最後才發現一直不放手的，
其實是自己的不快樂。

曾經你以為兩個人可以一直那麼好下去；曾經你以為就算再不好，終究還是可以努力讓兩個人的將來變得更好。雖然你還是深信一切會好的，也願意繼續努力讓彼此更好，可是他卻明顯對你們的之間種種感到意興闌珊——他並不在乎你們的好，他只在乎自己好不好。

就算他的表現如此不在意，你也很清楚對方只差沒有說出要放棄而已，但你還是願意選擇獨自努力，願意相信自己可以力挽頹勢，只要自己不放棄，對方也會不好意思放開手。事實上，你只是在自我欺騙，你也搞不懂自己究竟為了什麼而努力，也不清楚堅持下去到底能抓住些什麼。你擔心會失去他，害怕面對沒有他的日子，只好埋著頭用力緊抓著。

但，你最該擔心的，並不是失去了另一半，而是從此失去了自己。

請靜下心思考，你那麼努力，你那麼擔心，未必是放不下他，或許你只是捨不得過去那種被人疼愛著的感覺。

兩個人繼續在一起或選擇分開，是兩種完全不一樣的生活，誰又能保證哪一種生活比較好？有個人能疼愛的感覺很好，但，懷抱著忐忑不安的心情也沒有比較快樂。一個人難免有感覺孤單的時刻，可是，擁有著自己可以隨心所欲的時間也挺開心的。如果只是想要被人疼愛，不如讓自己來愛，沒有人比你更清楚自己需要如何被愛了。

當一段感情你已經嚐不到甜蜜就算了，連一絲絲的自在都沒有，甚至讓你像對著無底黑洞般不停地付出，卻沒有任何回饋，請盡早斷尾求生吧，別把自己的大好青春全賠光。

你的眼裡不該只有愛情，它不該是你的一切，它沒有偉大到讓你拋頭顱灑熱血。別忘了身邊還有一直愛著你、看顧著你的人，被你視為理所當然、應該當你後盾的人，不該等到愛情沒了，你才想起還有他們在。

一段值得堅持的感情，不會需要你傷害自己、傷害身邊的人才能持續下去；而一個值得託付的另一半，是會因為你傷害了自己、傷害身邊的人感到良心不安。愛情固然美好，但有一天它總會離開，你會發現交心的友情與無私的親情才是不離不棄、無可替代的。

覺得痛、覺得可惜很正常，正因為受過了傷才能體會傷有多麼痛，吃過了虧才會明白現實有多冷酷。當堅持已經變成是對自己與身邊人的磨難與傷害時，放棄或許是最好的選項，那不算是認輸，只是你選擇了讓自己重新再開始的機會。有時候，願意將已經拿在手中的東西放下來，才是真正內心成熟的人。

放棄，我們才能重新擁有時間與空間，以爭取其他更值得的事物。

總有一天，你會與那個真正對的人相遇，真正對的愛情，向來都是水到渠成，它無法預估，更無法計算，不必我們去強求，更不必我們去緊抓。我們要做的，就是在遇見它之前持續相信，懷抱著平常心等待下去，絕不對自己想要的愛妥協。適合你的感情也許會晚到，但絕對不會無故不到。

#斷尾求生：指犧牲部分來保全更多的整體。最常見的例子：政客爆發醜聞，通常會犧牲掉別人來保全自己。

擁有條件很好的對象很棒，
但最棒的是，
找到一個
可以讓彼此變得更好的人。

我們都一樣，在感情路上慢慢摸索著，曾經好幾次以為自己拾起了值得珍惜的幸福，可往往才發現那並不是真正適合自己的。若要帶著它繼續向前走，只會拖累自己的步伐，甚至根本走不下去。即使再怎麼努力，最後也只能輕輕放下。

相信我們最終都能找到一個很好的人，也許是條件很好；可能是對你很好；或許是什麼都很好，然後可以一起讓彼此變得更好。等你遇到了適合的伴侶，他會讓你發現，原來過去自己找不到所謂對的人，未必是那些人真的不好，很可能是因為自己在那時還是個錯的人。直到你在感情路上錯過、哭過或傷過之後，將當初的有稜有角磨成了現在的處事圓融，也終於明白了什麼才是該拾起的幸福。

年輕時的你，很容易因為愛情而沒了自己。後來的你，會因為找到對的人，終於明白兩個人在一起，除了要為了對方著想，還要讓兩人都能保有自己。無論是過度的依賴或過度的付出，對另一個人來說都是沈重的壓力。愛從來都不該是依附，只要你心裡清楚，不管日子好壞，他都會在，這樣就足夠。

電影《簡愛》有一句台詞：「愛不是沒有對方就活不下去，而是你們都深深覺得，有彼此的陪伴，人生會更加美好。」

愛不該是沒有了誰就活不下去。那不是愛，而是依賴也是壓力。愛應該是在一起很自在，彼此都認為因為有對方在，所以生活才會如此美好。我們都是平凡人，不必經歷那種轟轟烈烈的感情，而是渴望一種平平淡淡的感情。安定的、平穩的，不讓人擔心的，不需要等待的，一種隨手就能可以觸碰得到的踏實。

那個對的人會讓你明白，最好的愛情關係是兩人也是最好的朋友。雖然你們不是在最美好的時光相遇，但因為有彼此在，才能夠擁有最美好的時光。

或許那個對的人不是那種甜言蜜語，會不斷說永遠愛你、給你驚喜的人，但他會是那種踏實上進、成熟從容的人。在生活中給予你正面觀點，讓彼此相處舒服自在，對未來充滿信心，兩個人能夠一起進步。合適的人應該是會和你一起抵抗當下的艱難，而不是只會誇下海口說為你打造虛幻的未來。

兩個人在一起最溫暖、最甜蜜的話語，未必是「我愛你」，而是當你需要的時候，他都能夠牽著你的手或搭著你的肩。陪伴，才是最棒的支持與肢體語言。

那個會提醒你穿暖和點的人，希望你多吃點、要你多喝水的人，在你難過時努力讓你開懷的人，在你完成某件事情給你掌聲的人，每天早上當鬧鐘叫你起床的人，而你也願意為他做這些事。那就是適合你的人，也是會讓彼此變得更好的人。

而且，你們兩人都會為了對方開心而開心、為了對方珍惜而珍惜。

 # 依附：以為自己一定需要依靠某人才能過日子的心態。當然，也有那種知道自己可以過得很好，卻還是硬賴著別人的傢伙。

原來，那些過去的無疾而終，
都是再次成長的開始，
讓你蛻變成現在更好的自己。

我們總會為了愛情長跑多年後卻無疾而終的朋友感到惋惜或氣憤，為了他耗費的光陰感到惋惜，為了他的不能堅持感到氣憤。但，感情的事情總是解釋不易、難以捉摸的，任誰也說不清，根本無法預期哪一段感情能修成正果，有人戀愛談了十年卻分手收場，也有人認識了幾個月就決定託付終身。不管花費了多久時間才找到能夠攜手共度的人都不算太遲，而那些未能奏完的戀曲，是為了讓我們最終能完美演出的練習曲。

先不論時間長短，那些無疾而終的愛情，都是美好的開始，但大部分是不堪的結束。當初是為了愛而在一起，卻因為在一起而磨損了彼此的愛。當一段感情不歡而散，心裡一定會有怨懟，難免有陰影。可我們不該一直懷抱著那些不堪來折騰自己，唯有與過去和解，試著讓自己釋懷，才能心無旁騖繼續往前走。

雖然不能轉變成美好的結束，就算無法成為將來愛情的養分，至少它不再是你現在追尋幸福的拖累。

之後你經歷了一次又一次感情的建構與崩解，終於明瞭了要先打好自己的地基才能夠站得穩，而不是只想依賴著別人。唯有自己先做好、做對，對方才有範例可以比照，兩個人才可以共同撐起這段感情。感情並不是佔久了就會獲得圓滿，愛意並不一定要濃烈才能攜手偕老，真正的關鍵是兩個人擁有著無論如何都會堅持下去的信心與決心，缺少誰都不行。

其實，無論維持了多久，**沒有任何一段感情是浪費彼此的時間，我們不是只有失去，也會在那段過程獲得某些成長**，或許在當下自己感覺不到，但它可能會在將來追尋幸福的路上發生重要的影響，然後讓我們成為更好的自己。

沒有人能夠為你承擔在感情上的難過和疲憊，只能站在外頭替你加油，你在享受愛情甜美的同時，也只能學會自己承擔愛情的痛苦。我們都要學會自己長大，不是每個人都適合與你相伴，有的人是來讓你懂得什麼是愛，而不是來愛你的；有的人是來讓你明白什麼是生活，而不是來跟你一起生活的；有的人是來讓你一輩子想遺忘他，而不是來與你相伴一輩子的。

有的再見，是為了下次的相見；有的卻是為了遺忘這次的相遇。但，根本沒有真正的遺忘，我們能做的，只是讓自己就算想起了也能雲淡風輕，並保有最初的自己。然後，讓原本以為的失去漸漸變成經驗的獲得，讓無疾而終的遺憾慢慢變成重整旗鼓的動力。

歲月，它就像是無形的清潔布，會替我們無聲地、輕輕地擦去過往的愛恨情仇與年少輕狂。那些事與願違，或許需要一些時間，但它們終究都會過去的。

#蛻變：一般是指由平凡或不好的轉變成美好、特別的狀態。有人說當兵可以讓男孩蛻變成男人，其實被兵變才是。

有人彼此扶持是一種幸福，
但我們要能好好過一個人的生活，
才能撐起兩個人的幸福。

經常聽到有人問：「怎麼樣才能經營好一段感情？」

老實說，這個問題很難回答，也沒有一個標準答案。就好比有人問：「怎麼樣才能打贏一場棒球賽？」你我都很清楚，需要有狀況良好的投手及打者，還有穩定的守備與適時的戰術運用。但，一場比賽的過程中有太多不確定及無法控制的因素，因此，根本不可能會有十足的把握來贏得比賽。

感情也是如此吧。我們都明白，談感情需要用心、珍惜、體諒及互信，為此不斷磨練自己的基本功、調整好自己的心態，可是，過程會有許多我們無法預測或掌握的狀況，也只能做好準備，然後隨機應變。

那要怎樣才能經營好一段感情？我認為無法經營，或許可以認真、可以努力，可是兩個人的緣份從來無法用雙手調控。兩個人願意把對方的好放在心上，把對方的需求當成自己的需求，那是由衷地相愛，事實上，根本找不到刻意經營雙方關係的痕跡。兩個人就是想在一起，一個人就是想對另一個人好，那是情感的自然流露。當你真心想與對方在一起時，只能盡自己最真誠的心意去珍惜，其他的事情都無法強求，除了我們自己之外，一切都不能控制，只能見機行事。

無論談過幾次戀愛，不管愛過幾個人，或許最後還是不懂談好戀愛的密技，但至少明白戀愛是兩個人的事，一個人的努力也是徒勞，所以開始學習先讓自己可以過得自在，這才是愛情的基本功。

或許，有些人會問：「到底什麼才是好的愛情？」

每個人想要的都不相同，對我而言，應該是——每天起床睜開眼就能看到他，一邊忙著梳洗，一邊聊著沒什麼營養的話，然後我送他出門上班；晚上兩人相約在捷運站一起散步回家，在路上買了簡單的晚餐，回家看著兩人都喜歡的電視影集一起用餐。

這樣的生活就足夠，平淡卻穩定，**每天都跟自己所愛的人在一起，這就是很好的愛情。愛，不需要太多的浪漫，它本來就該是簡簡單單。**

別想得太複雜，美好的、健康的愛，其實很簡單，就是「珍惜」而已。即使讓你遇見了一個再適合不過的人，也會因為不珍惜而讓所謂的適合變得不適合，無論是人或是心，最後都會離去。

其實我們要的，不就是希望身邊的人懂你、在乎你嗎？真愛並不會無敵，我們都是平凡人，會忐忑、會爭吵、會難過，可是我們會在忐忑中慢慢了解彼此，會在爭吵後漸漸明白對方需求，會在難過後懂得釋懷與原諒。愛，聽起來很偉大，但我親身經歷過的，卻是很平庸、很日常的小情小愛。就在這樣的小情小愛中跌倒再爬起，逐漸擁有更成熟的自己。

有人可以扶持是一種幸福，但人生大部分的時間都是一人獨自面對，不要想著依賴，而是先一個人懂得過生活，這樣才能撐起兩個人的幸福。

#經營：含有計劃、規劃、組織和管理等意義，通常用在商業行為。很多人習慣在人際、感情或家庭關係也採取這樣的態度，日子過得非常精實、但也疲累。

不要一味認為別人對你不夠好，
很可能只是他能給予的，
並不符合你的期待。

愛情得以成立，應是兩人相互吸引並且想一直在一起，而所想、所做的任何事情，都是為了讓對方開心。有趣的是，這也常發生一個問題：「自己為對方所做的事，為什麼他好像不太滿意或不太喜歡？」

兩人在一起的日子當然與單身不同，單身的時候不必去顧慮另一個人感受，桌上的小盆栽或是手上的手機並不會問你到底愛不愛它。相對地，一個人的時候也不會有另一個人的關心，你的枕頭不會問你睡了沒？你的餐桌不會問你吃了沒？你的沙發也不會問你累不累？這沒什麼好比的，得到了什麼，同時也會失去了什麼，至於值不值得，就要由自己來衡量。

一旦愛情成立了，兩個人的世界才正要開始，那是雙方的生活習慣、親友圈及價值觀所構築而成的獨立場域。在過程中，一定會有許多磨合、碰撞、擠壓，甚至打破後再重組，接著逐漸趨於穩定，然後才會是兩人的新世界。

原本是兩個不同生活圈及價值觀的人，因此，對於一些事的做法與想法肯定不會相同。你努力為他做的，很可能是白費力氣，還可能變成多此一舉。自以為是的溫柔，對他人來說，卻是種難以拒絕的痛苦；不被人喜歡的善意，就好比是剛吃完中飯就立刻送來的下午茶。

有時候，並不是對方不想對你好或是你做得不夠好，很可能是他以為自己給的已經很好，結果卻不是你所期待的那種好。同樣地，也不要覺得全是自己的錯，只是對方想要的，跟你所想的不太相同。

一段美好的愛情，沒有所謂的條件好不好，或付出多不多，重要的是相近的價值觀與適合的對待，其他的都是附加價值。剛開始的不合也不代表一切，只要願意溝通、願意磨合，願意為了建立起兩人的世界而努力，那些問題都是可以克服的。

我知道你希望不用自己說，對方就能立即明白，這樣才算是愛你、懂你。可是，再愛你的人也不可能只圍繞著你轉，更不可能無時無刻觀察著你的心思，因此，心中的感受你還是得說出來，不要預設對方一定能懂，他不是心理學家又不會讀心術。畢竟對方不是你，或許你說了，他不見得全都明白；

但你不說，對方肯定不會明白。若是選擇什麼都不說，最後只會換來自己的難過和失望。

愛情不需要多餘的面子與堅持，若自己糟蹋了本該圓滿的感情，那才是真正的沒面子。

有時候，你會認為跟其他人比較起來，他付出的很少，但看的不是他給的多少，而是他給出的究竟佔他所擁有的多少，那才是真正的心意。當你覺得不夠好、不夠多，不妨試著溝通、調整，將會發現一開始無法接受的觀念或做法，在自己認同後，原來沒那麼嚴重，不過如此而已。

會讓你感到開心、幸福的，不是因為遇到了條件很好或是肯付出的人，而是因為懂得知足。其實，懂了知足、懂了珍惜，就會比這世上大多數的人都要幸福，因為這世上絕大多數人都是得寸進尺、不知滿足。

 # 得寸進尺：就像是你邀請他到家裡吃飯，他卻已經自己準備好了保險套。

他之所以放棄，
是因為始終不相信自己和愛情。
你之所以放下，
是因為終於相信自己值得更好。

那天，他終於開口提出分手，說是因為感覺到你並不需要他，很多事情都能自己處理，從來不哭不吵也不鬧，彷彿一個人也可以過得很好，根本不需要他在身邊。

你哭了，但並沒有乞求對方回心轉意，只因那樣的你並不符合自己給人的堅強形象。

老實說，你也沒想過要變得多麼堅強、多麼獨立，只是不想讓人為難，不想造成別人的負擔。結果，你的體貼卻成了大家眼中的堅強。不想麻煩別人，卻被當成了獨立；不想讓人擔心，卻被當成了堅強；不想敷衍了事，卻被當成了能幹。久而久之，沒想到你的獨立、堅強與能幹都變成了理所當然。

你覺得不甘心，自己的獨立、堅強與能幹不是讓他輕鬆很多嗎？不會麻煩到他，又不會讓他擔心，沒想到這竟然成為他離開你的原因。一個人之所以會選擇離開，並不是全然沒有愛，也未必是誰的錯，很可能只是忘記了當初相愛的原因，還有當時自己多想和對方一起。

曾經你感到非常難過，認為失去就是失敗，是一種絕望的結束。於是你變得軟弱，想要逃避，拒絕面對，開始自憐自艾，甚至是變成自虐。等到很後來，你才明瞭**失去也是一種解脫，不是從此結束了與那個人的關係，而是釋放了一直執著在那段關係中的自己**。你終於可以好好梳理自己，重新展開全新的生活，而他當初選擇離開，並不是你的失敗，也不是關係的結束，更不會招致毫無希望的未來，只是因為他不再相信自己能夠繼續給你幸福。

當然，不是每個人都能在被傷害後可以既往不咎，很多事情無法說忘就忘。好聚好散，人人會說，但真正做到的又有多少？但，終有一天還是得放下，不管隔了多久都不算遲，那不是對別人的原諒，而是對自己的解脫。唯有放下，才能理直氣壯地面對自己的未來。

現在你選擇了放下，不是認輸，也不是要遺忘，你內心很清楚怎麼可能會完全忘記一個曾在自己生命中扮演過重要角色的人。不如相信**那個人之所以離開，像是一種為了將來美好愛情必須存在的新陳代謝**。

是的，我們最愛的人有可能會離開，最信任的人有可能會背叛，沒必要擔心與害怕，無論遇上了什麼樣的打擊、傷害，最終都能撐過去的，別忘了堅強與獨立已經是你的專長。就算現在有人離開你，未來還會有其他人來到你身邊陪伴。人生就是這樣經過一次又一次的新陳代謝，才會蛻變得更成熟、更強壯。

放心，你的世界一定會出現一個人，那個人會心疼你的獨立、堅強與欣賞你的能幹，你所付出的一切都是值得的。

 # 新陳代謝：細胞分子轉化成有用能源的去舊換新過程。通常我們會在朋友離開糟糕情人或拉屎時用到這個說詞。

你希望保有一個人的空間，
又想要擁有別人的關愛，
寂寞就是這麼產生的。

我曾在粉絲專頁寫過這段話：「人在感到麻煩的時候，就會想要一個人；一個人時間久了，就會想要自找麻煩。沒辦法，有時候人就是這麼犯賤。」

老實說，身為「人」有時挺討厭的。處在同一種狀態下，時間久了，就會感到倦怠、厭煩而想要改變，或總是認為別人所擁有的事物及生活比自己美好。比方說，時常聽到有人會抱怨好男人都已經是別人的了，但你有想過，為什麼好男人都選擇別人而不是自己呢？另外，沒有真正相處過，不必太篤定對方就是好男人，別人的也未必是適合你的。

會羨慕別人，往往只是單純覺得別人的總是比較好而已。

當然，也有人是抱持著不同的心態。到了適婚年齡還是保持單身，不一定是不想要，也不是眼光高，其實更多的是懷抱著無奈。過去把時間浪費在不適合的人身上，經歷了幾段分分合合，好不容易走了過來，卻發現那些適合自己的人早已不在身邊，或是已經在別人的身邊。這些無奈，他們不會對別人說，因為沒有體會過那些錯過、轉身以及抉擇的人，很難理解。但，他不會訴苦、不會埋怨，會變成現在這樣的狀態，總歸還是他自己造成的。

另外，有些人覺得一個人會孤單，但對於兩個人需要重新再適應而感到很麻煩，於是，想到一個折衷辦法——找個人搞點曖昧，這樣既可以省去相處的摩擦，又能享受戀愛的甜蜜。但，搞曖昧並不是每個人都適合，萬一處理不當，不只會傷害別人，更可能會傷到自己。所謂的曖昧，至少是對方的言行表現有八成是喜歡你，如果不是，那叫做自作多情。

愛情是美好的，兩個人能相遇相愛是機率非常小的事，遇見是天意，擁有是心意，假如害怕麻煩，就永遠得不到真愛。我們該要想一想：自己究竟是擁抱愛情還是逃離寂寞？千萬別因為湊合戀愛，而讓不適合的人帶走了美好的自己。

感到寂寞時，試著讓自己轉換心情、轉移注意。換上跑鞋去跑個痛快，或者找好友聊個爽快，偶爾讓自己的生活「沒時間」一些。我們都不知道接下來還會遇見怎樣的人，但可以肯定的是，無論對方如何，他同樣也會希望能找到優秀、善良及獨立的人。所以我們不要把寶貴的時間用來幻想未來，而應該用來提升自己，這是為了有朝一日遇見對的人，自己也能夠大聲地說：「我是那個值得被你愛的人」。

愛情值得追尋，但它不會是你逃離寂寞的手段，也不是人生不順遂的唯一出口，更不會是通往幸福的單行道。你得先讓自己過得好，而另一個人的愛，則是讓你們兩人的未來更圓滿。

#找麻煩：就是一種沒事卻弄得很多事的行為。某些男人會說：何必找？女人本身就是了。

要感謝他離開了，
不然，
你每天都在提心吊膽害怕他離開。

你總是忍著淚不說苦，別人都以為你過得很快樂；你總是習慣搖著頭說沒事，別人都以為你心裡已釋懷。原來大家「以為」的背後，是你一個人的苦撐。你不是要假裝快樂，也不是要假裝堅強，只是希望愛你的人不要有過多的擔心。

事實上，你陷在一段沒有安全感也毫無歸屬感的感情裡，可總相信自己的付出不會白費，而且努力地堅持，認為這段愛會有回歸正軌的一天。想不到的是，對方一點也不珍惜你的用心與付出，在步上軌道之前，就選擇跳車離開。愛情，本身就是令人沉淪、迷失的事，別人口中的那些什麼「要愛自己」、「要有決心」、「要放下啊」，卻在面對他丟下你離去的痛苦時，聽起來只不過是可笑的口號。

其實，他離開了也好，你老早就為了他會不會離開你而一直在提心吊膽、忐忑不安。既然抓不住，那就放開手，你本來捨不得放開，結果他先掙開，等於幫了你一把，雖然一定會難過，說不定也能鬆一口氣，終於可以放下那段對你不營養的感情。

一切真的沒那麼複雜，對方忽冷忽熱的態度就是把你當成備胎，自己感受到患得患失的心情就是他的不夠愛。之前的放不下，是因為自己付出這麼多卻沒有回報而心有不甘，你早該選擇離開，因為我們的時間並不多，不該再用來繼續品嚐這些不健康的情緒。

一個不在意你感受的人，你的付出就像是不斷地把東西丟向黑洞裡，越往裡面丟，只是讓自己的空虛感越擴大，黑洞依然是黑洞。真的，我很久以前也試過，但最後換來的，卻是那種把自己丟在看不見邊際的空間裡的巨大空虛感而已。

就算你認為「沒有關係的，我就是不求回報」。但，總有會累的一天，況且萬一對方並不覺得你是在付出，而是不斷地干擾他的生活，不如早點看開，把這些時間與力氣重新分配給自己與值得的人。

當然，要結束一段曾經用心對待的感情，是十分痛苦的事。可是，面對一個不懂愛護你的人，卻還是死命維護，那才是自討苦吃。沒有人可以幫助你，更別想有人可以帶你走出去，因為最大的困難，是你自己願不願意離開。

面對那個人的離去，復原需要一些時間，在這段期間，我們反覆思考能夠讓自己頓悟，會在身邊停駐的，才是最重要的人事物。而那些離去的，不只是緣盡，對你未來的人生也不再重要了。

你不是非要某個人不可，沒有任何人的重要性會超過你自己，就像那些曾經說過非你不可的人，到最後還是為了某種原因選擇離開。所以，沒有了那段讓你患得患失、提心吊膽的感情，不只最後會沒事，生活還會變得更美好、更快樂。

 # 空虛：就是一種混合了無奈、無聊、無趣，以及不踏實的感覺。通常在購物前與結帳後都會產生這樣的心理狀態。

因為背負著過去的傷痕，
才能體會到別人的傷痛。
提醒自己別再重蹈覆轍，
提醒自己不要變成那種
會輕易傷害對方的人。

「我很喜歡你，但我不喜歡和你在一起的自己。」這是我前陣子看過的一部電影中，最後女主角終於下定決心與男友分手時所說的話。

付出是應該的、體諒是應該的、配合是應該的，這是許多人對於愛情的觀念，也是很多兩性專家和愛情作家耳提面命的戀愛準則。會有這樣的想法沒有錯，但在陷入戀愛之後，很容易讓我們失去了正常的判斷力，有時，這樣的付出、體諒及配合，不知不覺中變成了犧牲、忍受與委屈，等到發現早為時已晚，在這段感情中的自己不再開心，原來一直小心呵護的並不是幸福，而是壓力與壓抑。

有時，愛情最後的結果不如當初預期，也不必責怪自己不該迷失了自我。任何人談戀愛都一樣，一定會歷經逐漸消逝的自己、卻又慢慢尋回自己的過程，如果你自認為從沒迷失過，那可能表示你所投注的感情並不那麼深厚。愛情的結果會變得不好，通常都是因為無法重新再找回自己，或者無法讓自己變得比原本更好，也多少說明了與你在一起的人不適合。決定分開，好讓彼此有空間與時間重新找回自己，那才是正確的選擇。

分開，就是兩人決定以後要各自去過不同方向的人生，雖然難受，也不必覺得愧對。他將來過得如何，從此與你無關，不必背負別人的人生，只管負責自己的就好。至於他，也要自己好好承擔，誰都不能把自己的不如意怪罪在另一個人身上。

誰都不願意戀情在錯誤與傷害下結束，不用因此對愛灰心，我們都是這樣一路成長而來，因為背負著過去的傷痕，才能體會別人的傷痛。沒有這些關卡，你不會知道自己能有多堅強，沒有遇過那些錯誤，你不會得到那麼多的經驗，誰都受過傷，等傷好了以後會變得更有能耐。要相信自己會變得更好，那只是時間的問題。

此外，也無須費力去遺忘那些傷害與錯誤，那只是一種徒勞的努力，**我們從來不會真正忘記一個曾經在生命中佔有重要地位的人，只會慢慢習慣沒有那個人的存在，畢竟身旁還是有很多在意自己的人。**每個人都有過去，隨著時光前進，那些發生過的、開心過的與痛苦過的，都是無法改變的事實。舊事仍然存在，消除不了，我們現在能做的，就是覆蓋上去新的事物。

接下來的路，得靠自己去摸索碰撞，現在不知該往哪裡走也沒關係，暫時不想前進也無所謂，等心情平復了、篤定了，那才是重要的。有一天，你會明白自己該怎麼走；有一天，會有一個在乎你的人引導你走向更好的未來。在那之前，就放輕鬆吧，用自己最舒適的姿態來面對眼前的世界。

最後，還是老話一句：無論如何，談戀愛就是要開心，找出讓自己、讓彼此都能開心的方式，這才是擁有美好愛情的唯一方式。

#傷痕：傷口痊癒後，遺留在表面的痕跡。總有些人手癢心癢或是皮在癢，忍不住再去揭開它，然後再跟人哭訴説，好痛好痛啊。

單身不代表就會孤單，
就算你偶爾感到孤單，
總會出現一個人，
讓你發現
自己過去的孤單日子都是值得。

春天已經來了好幾回，可是你的愛情依然沒來。

曾經以為自己沒有某個人在身邊會活不下去，當真的只剩下你一個人以後，結果也平平安安、健健康康活到現在；原本以為自己什麼都不會，當那個在你身邊幫忙處理好多事的人離開之後，才發現自己其實什麼都會了。一個人的時間久了，一切也變得很習慣。

習慣未必是喜歡，你未必是真的喜歡單身過日子，只是對感情這件事不再強求，想要忠實順從自己的內心，如此而已。在年紀輕一點的時候，總是害怕孤單，不習慣一個人，後來談過幾次不同感覺的戀愛，有的像連續劇般荒謬離奇，當然也有無趣到不值一提的，唯一相同的，就是你感覺與其逼自己跟一個合不來的人相處，不如先習慣一個人獨處。

那些單身狀態很久的人，大部分都不是刻意，也不是沒有適合的對象，只是暫時不適合愛情。他們也會有想愛的念頭，甚至想過要將就，結果發現這不適合自己的個性。也有好幾次發展成戀情的機會，卻總是無疾而終，不是自己突然沒感覺了，就是對方不再有表示，這種情形很難解釋，大概就是屬於那種適合做朋友、而不是情人的類型吧？

或許，就像在電影《２０４６》中的那句經典台詞：「愛情其實是有時間性的，認識得太早或太遲，結果都是不行的。」你的愛情時間不容易搭得上別人的時間，你的現在，很可能已經是他們的未來。

雖然不是每個人都喜歡單身過日子，但單身未必會過得不好。你已經明白要愛別人之前，要先懂得尊重自己。如果你只是別人生活的一小部分，也不會把他當成是自己生活的全部。你現在可以一個人過得好，是希望將來的對象也要一個人能夠過得很好，所以自己要做好他的榜樣。

之前那些逝去的愛情，雖然稱不上平順，甚至還有些難堪，但你總算在不美好之中尋找到一點收獲，在不如意中學習到一些心得。比方說，感情這件事，不是單方面努力就能夠力挽狂瀾，再怎麼追求都沒用，終究需要對方也有同樣的心意。

所謂的愛情，不一定是要找一雙多麼溫暖的手，而是無論你的手多麼冰冷，他仍然緊緊握住不放手。美好的愛情，就是找到一個溫暖的人，然後過著彼此想要的生活。

獨自生活一陣子也是有好處的，因為知道了獨處是生命中的常態，才會更加懂得有人陪伴的珍貴。找個伴並不難，困難的是找到彼此有默契、並且願意一起走下去的人。

單身也不錯，這世界除了愛情還是有很多很美好的事物，不必對愛情失望，它值得你花時間慢慢等待，因為它會讓那些原本美好的事物變得更加美好。

 # 榜樣：就是讓他人能夠參考與模仿的良好示範。像是你希望對方送你東西，你就要先自己不停買東西（其實是愛買的藉口）。

你最該期望的，
不是套在手上的鑽戒夠不夠大，
而是握著你的手絕不輕易放開。

你的同學總是習慣找外表好看的對象交往，你的長輩總是告誡著要找家境優渥的對象才會幸福，你的朋友總是只愛上多金又帥氣的小開。喜歡條件優秀的人是很正常的，大家都是如此，你一定聽過這句話：「兩個人相愛是因為看到彼此的優點，而兩個人相處是需要包容彼此的缺點」，會在一起都是因為看到對方的優點，卻時常忘了優點並不僅限外在條件。

感情這種事，真的不必聽別人的意見，更不能複製別人的做法，完全要靠自己才能找到真正的幸福。因為**每個人都有獨自一套的生活方式與價值觀念，別人的不一定適合你。不要只專注在那些外在條件，人品與個性也很重要，尤其自己的心意更是重要。**

美麗外貌不可能永遠持久，萬貫家財不一定永遠長存，但人品與個性卻是跟著我們一輩子的。除去這些外在條件，兩個人的關係是要靠珍惜與體貼來維繫，仔仔細細地觀察他是如何對待身邊的人，那就是你們未來相處的模樣。

我們所選擇的感情不該複雜，就是跟對方在一起會感到開心、安心，而你也能毫無遲疑交出自己的心，這段感情才值得談下去，不必在乎對方的地位、學歷、財力或長相。反之，如果這段感情帶來的是痛苦和不安，那就狠下心放手讓他走吧，即使這個人條件再優秀也無法給予你想要的幸福。找一個能讓你開心安心的人，這才是美好愛情的基本條件。

沒有誰和誰是天生就注定在一起的，一輩子不算長，能遇見彼此相愛的人，那是多麼幸運的事。只要緊握著彼此的手，雖然心裡明明知道，除了對方還會有更優秀的人出現，可是我們不會這麼貪心，因為那些優秀的人未必適合自己，只有願意珍惜的才會適合。

你想要的生活其實很簡單，能夠時常陪著你一起開開心心吃飯，就算是路邊攤也可以很滿足；能夠在你難過時待在身邊陪伴著，就算他不懂得怎麼說句安慰話也沒關係；只要他在意你的感受，給你足夠的安全感，不會經常消失不見。真正令人稱羨的愛情，就是兩顆心緊靠在一起，坦誠相待，用心感受，這樣才叫幸福。

你其實沒那麼貪心也不會刻意等待，只是順其自然，因為你相信一個感覺對的、願意和你一起承擔的人並不是處心積慮就可以遇得到。那個人的條件未必要多麼好，只要他對你很好，你也剛好喜歡他那一點點的好就足夠了。

你心裡很清楚，真正有價值的是陪伴，而其他的都只是錦上添花。我們想要擁有的，通常不是多麼有條件的，而是願意無條件對我們好的人。

 # 條件：為了某件事所提出的標準或要求。最重要的是合理，例如，你只有麥克雞塊的錢，卻要麥克喬登的效果，那就不合理了。

願意保持善良的對待並不容易，
那是你對於愛的勇氣，
應該被鼓勵，不該輕易就放棄。

很多人說你很體貼，其實你不太清楚自己是不是，但你知道自己很會忍耐。你習慣對人說沒關係，你經常對人說沒問題，你總是對人說沒事了。事實上，你是承受著沮喪說沒關係，你是按捺著脾氣說沒問題，你是壓抑著悲傷說沒事了，因為你不希望自己會成為別人的負累。曾幾何時，在現實生活裡，能夠對人體貼也是一種勇氣了。

沒有人天生就該擁有勇氣，沒有人一定必須對人善良。勇氣通常只是你不想造成別人困擾、不想讓親人擔心的一種不得已；善良是你面對無情惡意、遭受冷漠嘲諷的一種選擇，你願意放下，不讓傷害無限循環下去。很多時候，一個人願意選擇善良，其實就是了不起的勇氣。因為你明白，或許環境會對不起你，但你無論如何都要對得起自己。

人與人之間的感情都是如此，愛情也是。

很多時候，愛情並沒有我們想像中那麼快樂、那麼美好，更多的是人心善變的現實，以及揣測猜忌的痛苦。那些痛、那些苦你都經歷過，所以你很明白，一個人要離開，留也留不住，就像一個人如果堅定要陪伴你，想趕也趕不走，你不是成熟了，只是不得不看清現實罷了。

那個人離開時，稱讚你很堅強，感謝你的善良，你輕輕地搖頭著、淡淡地微笑，你不哭也不鬧，不代表你不傷心也不氣餒。**你知道自己得勇敢站起來，因為無論是你的堅強，還是你的善良，都已經不關他的事了，這些只會屬於將來那個配得上你的體貼的人。**

或許，那些經歷過的感情虧待你，這個世界經常不客氣地打擊你，可是，你依然願意維持著別人口中所說的體貼，因為你相信自己只要能夠抱持著對愛的信心、保持著善意的對待，如此一來，總有一天，其他人與這世界也會願意給予相同的回應與對待。這樣的心態並不是一種鄉愿，而是你對於自己的期許，以及對於人心的寬容。

善良的人、體貼的人或是願意忍耐的人，或許容易被糟糕的人欺負，但請別失落，這樣的你也容易得到好心人的眷顧。

不要輕易放棄了自己的善良與體貼，那是難得的優點，能夠在惡意與打擊中繼續保持著善良與體貼，是多麼難得的勇氣。我相信，不必刻意尋找，自然就會有明白你優點與勇氣的人出現。或許那個人條件一般，但他懂得你的好，並且肯以真心相對，而你也懂得對方的好，也想回應他的付出，那就足夠了。

我們需要的，通常不是條件令人羨慕的對象，而是一個願意真心相待的人。珍惜你的善良，心疼你的勇敢，不會虧待你的付出，不會辜負你的等待，那種與你一樣善良與勇敢的好心人。

#善良：原本應該是值得被讚賞的心意與性格；現在卻有不少人覺得擁有這種特質，反而容易吃虧被欺負。

有些人出現在你的生命，
只是為了給你上一課。
但更可怕的是，
有些人還一直不打算下課。

「我們可以做朋友嗎？」這句話很妙，它可以是一段感情的開始，也可以是一段戀情的結束。

你們的感情在他的謊言裡開始崩解。說謊很差勁，但更差勁的是，他連說謊都不願認真，每一句謊話都漏洞百出。你一次又一次的原諒，並沒有換回一段感情裡應該有的尊重，終於使得這段愛情的根基腐蝕殆盡。你很想告訴對方，被他騙並不是自己笨，而是你選擇相信而已，因為這會讓自己過得比較開心。可惜，對方沒有好好對待願意選擇相信的你。

失去一段曾經用盡全力去保全的感情，要從這段紛亂裡走出來需要極大的氣力，畢竟經營感情需要的是一顆真心，又不是電腦按個鈕重開機就沒事了。傷心在所難免，大家都一樣，難過只是一段必經過程，也是一段不得不的升級過程。沒有什麼過不去的坎，只要留給自己足夠的痊癒時間，撐過去了，升級完成後，又是一個可以談愛的人。

你後來懂了，不該把自己的委屈與不快樂，當作是成就愛情的抵用券。因為我們的幸福沒有那麼廉價，通常都是恕不折扣。應該遠離讓自己不快樂的來源，那才是對自己最好的選擇。

有時你認為已經結束了、過去了，可是對方並不認為，他與你保持著聯繫，三不五時的關心，讓你的心情被他的態度所左右，那些殘留下來的溫柔與若有似無的情意，不讓你向前走，使你只能在原地苦惱不已。事實上，他並不是真的多麼喜歡你，只是喜歡你喜歡他，他不喜歡你喜歡別人。一切都是他自私地想要佔有你的好，卻不願珍惜。

我們的過去，應該是用來回憶與提醒的，而不該用來折磨自己。**如果你無法忘掉不好的昨天，沒有珍惜美好的今天，就不會有一個更好的明天。**

我們時常鼓勵人要勇敢，其實心裡明白，並不是跨出去就能水到渠成、事事如願，可能有挫折，難免有掙扎。但，最不希望的，明明是個很簡單很簡單的心意，卻非得要過了好久好久以後才願意面對，等到那時只會留下滿滿的遺憾。

現在你的生活已經有了另一個人想要來參與，總算有個人可以拉著你向前行，讓你可以決心向過去說再見，可以放心去追求那個原本就該屬於自己的幸福了。到了這時候，你終於明白，原來一直是自己狠不了心，才會讓自己放不下心。就是一定要在分開了很久之後，才可以抬頭挺胸與過去說再見。

你從來不是貪心的人，只是需要一個感覺對了、願意珍惜你的人，更不會傻傻地等待不對的人回頭。我們的時間有限，要用有限的時間與對的人過更好的生活。願意留在自己身邊的，就是最好的。

我們渴望的，從來都不是濃烈的愛情，而是安定的生活，是一種「真實能感受到的幸福」，而不需要痴痴等待。

#恕不折扣：通常只有高級精品才敢做的行為；或者，都已經降價到快賠本時。你要選擇當哪一種？

不要以為自己像馴獸師
可以改變別人，
大部分的馴獸師都會受傷，
只是小傷或重傷的差別而已。

當愛情從相戀轉化成相處，就是正式進入穩定期，同時也是這段感情的危險期。兩個人在不同的家庭背景與交友圈中成長，各自具備獨立的思考模式及價值觀，自然而然，會有許多的生活習慣與處事方式需要磨合。要維持一段愛情比你想像中困難，你必須投注相當巨大的用心與努力。

所謂的磨合，應該建構在彼此的心甘情願上，藉由一次次的建議與觀察，學習對方好的部分，並且成為自己的一部分，慢慢去除自己不好或不適合雙方相處的部分。但，這裡說的「建議」是與對方溝通，而不是一種硬性的要求、強迫性的改變。若不是心甘情願的，那終將變成壓抑，而且隨時都會爆發出來。

別認為自己一定是正確的，別把自己當成可以訓練別人的馴獸師，不該只想著改變別人，而是要以身作則，把生活過得好、把事情做得好、把健康顧得好，成為對方的好榜樣，至於對方願不願意改變則是要他自己決定。一個人會改變，通常是因為明白對自己有益，不然，就是他們終於受到教訓。

兩個人相處，肯定會遇到許多觀念上的差異，比方說，你要求他不能再與前任有所聯繫，因為你覺得這不只是對愛的佔有，想要的更多是尊重。相對地，對方想要的也是一種尊重，之所以沒有刪除前任的聯繫，是認為沒必要，不刪除，不代表他打算回頭，要求他刪除，那是不信任也是對他的不尊重。愛從來不是件簡單的事，要顧及的不單單是一個人的心情，而是兩個人的感受。這段感情除了需要尊重，還有彼此的信任。請靜下心想想，為了一個已經不在身邊的人，惹惱了另一個在身邊在乎你的人，怎麼想都不划算。

兩個人在一起，除了信任與尊重，另外的就是包容了。雖然是老調重彈，正因為太常聽到，所以容易忘記，因此必須被不斷地提醒。兩個人逐漸磨合比起強硬快速的改變要好多了，無論你心裡自認有多麼為對方著想，有時候直接批評或說教，未必是一個良策。若因此有了隔閡，兩人只怕會越離越遠，不如從自己先包容對方做起，或許改善很緩慢，但請記住心甘情願的改變才有效果。別常用冷戰吵架來溝通，一次兩次可以增進感情，心傷了太多次，怕有一天就傷不起了。

懂得適時讓步的人是聰明的，在愛情的關係中，假使硬是要贏回自己的顏面，就會輸掉兩人的情分。往往死撐到底只想到自己的人，最後都成了孤家寡人。

不要把彎腰當成是認輸，換個角度想，我們彎下腰是為了拾回兩人的愛情。

談戀愛本來就是互諒的，開心很重要，但從來就不是自己開心就好，而是盡量讓兩個人都好。沒有誰可以要求對方接受全部的自己，或者要求對方改變來迎合自己，那是自私與不成熟的想法，包容是有限度的，不該一股勁地把糟糕的部分往對方倒，那是不尊重的態度。

#彎腰：低下頭、上半身向前彎的動作。年紀越大越難做到，不只生理，心理也是。

人沒有多餘的時間去瞭解其它事情的。他們到商店購買現成的東西。
但是世上卻沒有可以買到友情的商店，所以人不會再有朋友了
by小王子

要對於自己能給予他人溫暖感到自豪，因為能在這冷漠現實的世界中維持著溫度就是難得，那是承受了很多無奈與惡意卻還能發熱的心意。

離太遠，不親近；靠太近，不舒服。如何拿捏彼此之間剛剛好的距離，在任何關係裡都是最重要的功課。

我們或許不能決定事情的走向，但
可以選擇用什麼樣的心情去面對。

每個人都祈求光明出現、渴望幸福到來。我們得先克服在黑暗裡的恐懼，先懂得與不順遂相處。找到光明與幸福，其實是種能力，不只是幸運而已。

旅行的目的是為了放鬆、開心與犒賞自己。盡量讓自己享受這趟旅程，縱使過程有點不如預期或跟旅伴有點小磨擦，請試著轉換心態，別失去了旅行最重要的意義。

結婚才不是終點，那只是另一個考驗的開始。
婚姻不會是結果，那只是你們願意齊心走向未來的誓言。

與其不斷對另一個人翻白眼，不如先讓一個人自在點。
不管有沒有對的人，都要先成為對的自己。

家庭日

family day

在名為「人生」的海洋中奮力搏命之後，唯有家才能讓我們猶如備受摧殘的破爛小船得以停泊。

越是親近的人，
越容易為雞毛蒜皮的鳥事
而鬧脾氣。
或許就像看風景吧，
總要隔著一段距離
才會發現它的美麗。

有時會聽到一些抱怨，說父母管得太多、太嚴格，晚上十點以前要到家，不然鐵定會遭受奪命連環Call的攻擊，每一通的內容盡是「你在哪？何時能回到家？」；也會聽到有些人經常與兄弟姊妹鬧得不愉快，光是吃一頓飯，就能為了誰吃得比較多、誰該洗碗，或誰該擦餐桌而爭吵。當然，也聽過有父母叨唸兒女，在家只窩在房間打電動、玩手機，跟家人沒互動，一點都不親近。類似的劇情常在生活裡擦槍走火，偶爾發生還好，但經常出現就會讓人受不了，有時還會吵到翻臉、冷戰，甚至乾脆搬出家門、不相往來的例子也不少。

有人會覺得反正自己的感受對方一點也不在乎，那為何還要關心對方呢？明明是最親近的家人，怎麼一點都不了解自己、不願意互相體諒？

會這麼想，其實很正常也很合理。一般而言，最是親近的人卻對我們的處境不體諒，難免會感到難過，也無法理解；那麼，換個角度想，對方會不會也在心中抱持著跟你一樣的想法、也同樣無法理解呢？

任誰都一樣，被自己在乎的人冷落或討厭，一定會難過。但，更難過的是，自己還要假裝不在乎。我們並不是真的那麼無所謂，是自尊常常逼著我們假裝無所謂。說不定，對方也和自己一樣，只是誰都不願先低頭認錯，誰都不願先開口溝通，導致誤會越結越深，相處的氣氛越來越僵，彼此的心也就越離越遠。

當一個人不再理會你或選擇離開你，那並非是臨時的決定。樹葉是慢慢枯萎，冰山是緩緩融化，人心是漸漸變冷的。灰心，往往是因為傷心太多太久所致。

為什麼會吵架？其實不是不在乎，反而是太過在乎。因為在乎彼此，一點點的磨擦都會讓雙方受傷慘重。如果根本就不在意對方，老死不相往來也無所謂，可是，明明彼此有很深的羈絆，為什麼就不能相互包容呢？與人相處，怎麼可能事事都合得來，哪有不吵架的家人？吵架也是一種溝通，但前提是雙方願意坐下來長談，願意了解彼此的想法。

不要單方面認為別人對自己不夠好。真正的體貼是讓人察覺不到的，事實上，他們對你的好早已讓你習以為常。太容易獲得他人的好，所以不懂失去的難過，甚至忘了要珍惜；也因為總是被人寵愛，忘了被傷害的痛苦，也忘了需要感恩。人是很微妙的，對不熟悉的人展現客氣友好，卻習慣對身邊最親近的人採取命令或不耐煩的態度。

就算滿懷著關心，卻往往不願說出口。比方說，父母為了關心孩子的安全，才會規定每晚回家的時間，明明是因為擔心才會打電話詢問，卻想掩蓋自己的擔憂而用命令的語氣說話。有些孩子想要多陪爸媽聊天，不是話題接不下去，就是對事情的立場與觀念不同，最後只好以尷尬收場，即便很努力地嘗試交流，結局還是一樣，倒不如乾脆躲在房間打電動。

我們難免會遇上困難或脆弱的時候，當然會希望周遭的人可以為自己著想。指責或抱怨不一定能讓事情馬上變好，但，一點點的善意與體貼肯定能讓那當下變得不再難受。對家人好一點，當我們年紀越來越大，身邊重要的人將越來越少，家人會對我們越來越重要。

誰都有協助別人的機會或需要請人幫忙的時候，別人也許會嫌麻煩，但只有家人是嘴上說著麻煩，臉上卻是帶著笑容來幫忙的。

 # 冷戰：你在等他低頭、他在等你示好，根本不是真心想鬥啊。

能夠外出闖蕩、勇敢向前，
這樣很棒。
但，真正強大的，
是留下來替你照顧家、
讓你有家可歸的人。

這幾年打工度假與所謂的「窮遊」在臺灣非常盛行，為數不少的大學生在畢業之後沒有立即投入就業市場，反而優先選擇出國打工。也有越來越多進入社會許久的年輕人，趕在申請出國打工度假的年齡限制之前，寧可放棄在職場上累積多年的成績，選擇離開熟悉的家鄉，體驗另一種未知生活。

或許，有人認為他們是在逃避現實，也有人會認為他們的決定不成熟，但怎麼能確定這些出國闖蕩的人所面對的現實比較輕鬆？又或者，選擇留在臺灣工作的人就比較成熟？聽了幾個從國外打工回來的朋友分享，在異鄉度過的日子並沒有想像中的愜意愉快。

到底要選擇安分守己的過日子，還是挑戰新鮮的未知人生？答案沒有絕對的好壞，無論選擇哪一個方向，都是自己的人生，更必須要認真過、好好過。

夢想都曾存在於我們心中，可以為了它而努力，也能為了它而堅強。輾轉多年後，雖然自己沒有成為原本想像中的理想模樣，難免會遺憾，但別太失望，我們只是配合著現實不斷地調整自己，用最適合的方式生活而已。

很多人想把生活過得像煙火一樣精彩燦爛，可是，單純過日子就已經讓人忙碌混亂得像煙火要爆炸，至於精不精彩，就要看你是從什麼角度來評斷了。

做任何事或下決定，並不會只有一種選項是正確的，千萬不要讓自己陷在對「正確」的執著與框架之中。

我們都是在一次又一次的選擇、一次又一次的遺憾或懊悔，才逐漸變成別人眼中的成熟大人。選擇了一件事情的同時，也意味著會失去了自我的某些部分。有時難免會有「唉，當初自己為什麼沒那樣做」的感慨，也會有「原來我也做到了這件事」的滿足。只要是為了自己與所愛的人，無論選擇了什麼，都一樣值得感到驕傲。

如果你能夠勇敢放下一切，追逐自己的夢想，那是一件不容易的事；但，也別忘了感謝替你留下來照顧家人，以及等你回家的人。他們可以選擇丟下一切去追求自己的夢想，也沒有義務替你守護一切，但他卻願意承擔維繫這個家的責任。

我們總是在離開家鄉遠了、久了，才能體會到有家的美好。有句話說得好：「心若沒有棲息的地方，到哪裡都是在流浪」，在名為「人生」的海洋中奮力搏命之後，唯有家才能讓我們猶如備受摧殘的破爛小船得以停泊。回到屬於自己的家，在家人的關愛、鬥嘴與嬉鬧之中，默默修復了自己原本千瘡百孔的心靈。

人生最重要的，不一定是完成什麼偉大的夢想，而是好好對待每一天、好好陪伴所愛的家人，那就是值得慶幸的事情了。每一個在身邊支持自己的人，都是值得感謝的人，不管是家人、友人，還是情人。

當你遠行回家，可能會發現很多事情都變了，家裡的擺設變了，家人的裝扮變了，甚至連你自己都變了。但，唯一沒變的，是家人那顆願意挺你到底的心。

 # 流浪：有人覺得是勇敢，有人覺得是挑戰，也有人覺得是浪漫，但更多人覺得是一種虛度時光。

不是第一名沒關係，
沒有賺大錢也沒關係，
只要能夠健康平安地生活著，
那才是最重要的事情。

很多人會說：「我可沒有要求小孩一定要得第一名！」嗯，是的，你沒有要求第一名，只是期望他至少要有前十名，若有前三名更好……

也過有些人說：「我沒有要小孩賺很多錢！」嗯，是的，你沒有直接說要賺很多錢，只是偶爾有意無意地提起，隔壁鄰居或遠房親戚的小孩多麼有出息、多麼會賺錢……

目前臺灣社會價值觀還是以數字導向為主，學校要求學生成績，公司要求員工業績，人與人之間會相互比較分數、學歷、收入與地位職稱。他們說，這不是天經地義的事嗎？若學校不要求成績，難道是讓小孩玩耍、聯誼和談戀愛就好嗎？公司不要求業績，不然是要做功德，放任員工偷懶不做事直到公司倒閉嗎？不跟同儕用各類成績來比高低，那麼，自己犧牲休息與玩樂時間，如此的努力拼命，難不成是吃飽太閒？

若你這樣質問我，好像也沒有什麼充份的理由可以反駁，這些想法並沒有不對，只是反映了這個社會多數人的價值觀。但，沒有不對，卻也不代表是唯一正確。**成績與財力，確實可以讓我們擁有較多的籌碼來面對人生，卻並不保障未來絕對會幸福快樂。**

孩子的成績優劣，只要是認真努力過了，問心無愧就已足夠，在學校裡，每個科目都是一百分固然很棒，但出了社會之後，大家都是歸零再開始。若是能養成他們良好正直的品格與豁達知足的心態，那才是真正值得驕傲的事情。當一個人擁有了如此的品格與心態，肯定比別人多了事業成功、自在生活的機會。

不用給自己訂下太高的目標，那只會衍生更巨大的壓力，雖然家人都會有所求，希望我們能夠出人頭地、出類拔萃，但再美的桂冠也無法比你對家人的關愛更值得驕傲，再高的地位也無法比你擁有的快樂更值得欣慰，再多的財富也無法比你一直永保健康更值得慶幸。

沒必要事事求勝，也沒必要樣樣求好，總會有力有未逮的時候，已經盡力了就不要再逼迫自己，若結果不如預期，就難過吧，但不要心灰意冷。有時，加油只會讓人更挫折、更沮喪，不如給自己休息與放空的機會，偶爾輸一下也無妨，人生並不是非要完成某件事才能過得去。

不要把「家」變成自己或家人的壓力，它應該是我們期盼回去的所在，是每天下課或下班後可以拋下外在一切急著歸去的地方。無論你走了多遠，或是在外頭多麼開心，仍然會牽掛著它，請讓自己的心擁有可以歸去的家。

#回家：原本應該是一件值得開心的事，可總有不少人會把它弄成像是另一個打卡上班的地方。

或許，你認為自己提供的是保護。
可是在他們心目中，
有時是一種無形的禁錮。

「我是為了你好。」

「照我說的方法去做就對了。」

「我以前錯了，不希望你也走相同的冤枉路。」

以上都是為了說服別人經常出現的說詞。或許你會想，自己是真心為對方好，不希望他受到任何傷害；認為自己的方法比較適當也沒有風險，何必再去做其他嘗試，不如把時間花在如何做好；自己也曾做過對方想做的事，但失敗的經驗讓你認為何苦再浪費寶貴時間，反正最後的結果鐵定一樣慘。

你以為自己的反對或建議是對他們的照顧與保護，不讓對方受到傷害；然而，你的反對與建議，說不定本身就是一種傷害。你自認為是為了對方好，可是這樣的保護卻未必是對方想要的，那麼，這樣的付出對他來說不是施惠，反而是一種困擾。

不是所有給予一定是對的，也不是每種善意都一定是好的，當你疑惑為何沒有得到回報，除了被人視為理所當然，更有可能造成別人的負擔。沒有用心了解對方的需求，總是一廂情願去阻止和反對別人的想法，那是一種很傷人的「保護」。

也許你真的有經驗、有智慧，替對方周全地考慮了很多孰優孰劣的因素，分析了內在與外在的各種條件，甚至早已規劃好怎麼處理及完成整件事情。但，問題是你考慮、分析好了整件事，卻從頭到尾沒有詢問過當事人的意願與想法，就要讓對方全盤接受，這種不尊重人的善意，怎麼想都會讓人難以接受。

你對他的決定無法贊同，可能是因為自己也曾做過相同的決定，導致最後的結果不盡人意，因此，不希望對方重蹈覆轍，改選其他的路才不會懊悔。可是，相同的路讓不同的人來走，每個人注意到的風景並不一致，體會的感想也不盡相同。當初自己失敗，不代表別人也會失敗；當時我們遭逢暴風雨，說不定人家現在遇到的是晴天。

我們往往對自己在乎的人總是過度保護與過度干涉，認為那是關愛的表現，也是一種責任。**家庭是由人所組成的，凡是人都是需要被尊重，身為家人，並不代表就有權掌控對方的人生。**你應該想的是別讓自己一直以他人為重心，不要習慣從別人身上找到自我價值。

有一天，你會明白不能太雞婆的道理。人通常只會在犯錯後才會記取教訓，只會在受到打擊後才會成長，過多的付出只會讓對方變得習慣，而不會心存感激，更糟糕的是，日後對方將無法承受突如其來的失敗。該放手時，就讓他自己去嘗試，就像鳥在學會飛翔之前，總得先試著往下跳。

身為家人，不是把對方保護得好好的，我們要做的，是好好支持，支持他的舉棋不定，支持他的跌跌撞撞，也支持他的一敗塗地，家人是永遠的靠山。不要以為你所給予的就是好，這世上有一種好，就是能夠用自己想要的方式做決定，然後用自己喜歡的方式過生活。

 # 保護：對方真正想要才算，若不想要的，就叫做「多管閒事」。

照顧家庭可能讓你感到沈重，
你沒有逃避，
因為責任能讓你成長，
也只有你，才能帶給他們笑容。

有時候，心情會突然變得低落，不想跟任何人說話，也不想做任何事情，只想靜靜地發呆。別人問起，也不知道該怎麼回答。總不能輕易說自己累了，其實，就算說了好像也無所謂，但真的就是說不出口。你不是裝酷，也不是想逃避，只是無力訴說。

人們總認為，結婚後的女人要當好媽媽、好太太，把公婆服待好，把老公照顧好，把小孩教養好；可是，現在的社會除了要求女人維持傳統規範，還加上必須經濟獨立、又要維持美麗樣貌姣好身形，簡直是全才。

雖說這樣的觀念根本上是將女性物化了，但男性也逃不了被物化的可能。男人被物化的標準就是「經濟能力」，當個男人就必須努力賺錢，扛起養家的責任。甚至，還在就學的你，年紀輕輕就不得不開始分擔家中經濟，有些人還要幫忙照顧年邁的長輩。

照顧家庭確實是沈重的責任，難免辛苦，甚至痛苦，但你從不逃避、推卸，因為你明白只有你們擁有彼此才能患難共度、以沫相濡；因為你相信唯有家人過得好，自己才會過得更好。經濟條件確實是建立家庭的基本保障，沒有收入，光靠親情的羈絆也難以鞏固，在窮困潦倒之時，即使勉強維持，也很難有幸福快樂可言。但，家不是只靠物質就能搭設起來，就算有名貴傢俱、先進家電與舒服的床舖，卻沒有親人之間彼此的關愛，那也稱不上是真正的家。

經營一個家，原本就是一份責任，但這份責任並不是只有誰能扛，只要是家中的一份子，就應該付出心力，沒有什麼是自己開心就好，沒有誰有資格要求誰得負起全部重擔。因為你願意擔起責任，而放棄自己想要做的事，以成就自己所愛的家，請記得為自己喝采。

雖然很累，雖然很苦，但你很清楚知道努力的目標是為了什麼，既不是賺大錢，也不是實現偉大夢想，而是讓家人開心最重要。但你或許不知道，往往讓家人最開心的，是當需要你在的時候，你不會為了賺錢而冷落了他們。如果真心愛一個人，就該多留時間在對方身邊。唯有陪伴，才是最有價值的。

或許你經常累到什麼話都不想說，也不想因為自己的抱怨而影響到身邊的人。沒關係，那些疲累、那些委屈，睡一覺就讓它過去吧。背負著昨天，再來面對今天，只會讓自己更累。就把昨天的不愉快統統留在昨天，才有餘裕感受下一個迎面而來的愉悅。萬一真的撐不下去了，就別勉強自己，該發洩就發洩，家人永遠是我們可以傾訴的對象。

或許我們無法完成心中的夢想，但也不要因此而對家人有所怨懟，不要忘了自己身為家庭一份子應有的快樂。我始終相信這個世界有一種快樂的方式，就是讓自己所愛的人開心過日子。

我們也要記得，感謝在深夜為你留一盞燈的家人，感謝在大雨中為你撐傘的家人，感謝每天接送你上下班的家人，感謝在你難過傷心時默默陪伴的家人，感謝那個在醫院病房裡細心照顧你的家人。感謝他們，成就了我們的人生。請感謝家人無私地展現生命中的溫暖，讓我們遠離陰霾、度過難關，成為一個善良的人。

#責任：很多人一點都不想面對。更可怕的是，有些人從來不認為自己擁有責任是一種義務。

不必期許彼此應該
無話不談、沒有秘密，
每個人或多或少
都有連自己都不想憶起的心事，
更別說是跟別人提起。

曾以為你們無話不談，隨時分享彼此的心情，就算偶爾吵架、冷戰，最後他還是會找你商量心中的煩惱、疑問或秘密，這是你所認定的「愛」。可是，卻在無意間發現對方並非任何事都與你分享，在他內心默默隱藏著你所不知道的秘密。正因為把他當成「自己人」，認為開誠布公、肝膽相照是應該的，一旦發現對方有心事不願向自己吐露，你的心就像被射中了兩箭而大受打擊。

很多人都認為與親密的人在一起，就該分享生活中的點點滴滴、喜怒哀樂，這樣才稱得上是「親密」，不論是親情或愛情都該如此。但別忘了，你們之間除了擁有「家人」的連結，同時也是單純的人與人之間的關係，每個人都是個體，都需要自己的空間與隱私。

在任何一段關係裡，每個人都有他神聖不可侵犯的領域，或是不願與人共享的小空間，那不是不用敲門就能隨便硬闖之處。有些人自認為關心對方，或為了對方好，就能直接地去撬開對方的心門。然而，無論彼此多麼親近，仍然需要一些尊重與隱私。

每個人都擁有獨立的性格及價值觀。當對方不願分享，何錯之有？每個人對於「親密」的標準不同，對於「秘密」的定義也不同，不必用自己的標準去要求他人，也不必為了對方沒有事事與自己分享而感到洩氣。尊重彼此的私領域，給彼此自由去判斷什麼事該說出來，以及在什麼時刻說出來。

不要一味認為那是別人對你的不信任，同樣地，也不要覺得是自己的問題才讓對方不願說出口；或許，他只是還不到該吐露的時候，等心態調整好了、時機成熟了，自然會與你分享。

面對那些生命中最重要及最親近的人，唯一能做的，就是讓他們明白「無論如何我都會在身邊陪伴著」。對他來說，這就是最美好的愛了。

任誰都有屬於自己的煩惱、疑問或秘密，只是因為體貼別人，或擔心被誤解，所以不習慣坦率地表達心情。擔心一旦說出口，反而造成別人的困擾，或是引起不必要的誤會與紛爭，只好選擇深藏心裡。把發生的故事封箱，假裝若無其事地繼續過日子。

希望所愛的人過得好，就請先讓你自己過得好。若希望與所愛的人拉近距離，就是多花時間陪伴對方。**所謂的「親情」，血緣只是地基，要維繫彼此的牽絆是需要時間與心思來慢慢建構的。所謂的「親人」，除了心甘情願的關愛，還有肝膽相照的義氣，以及不離不棄的陪伴。**

至於那些你們彼此不知道的秘密，請等到陽光照射到那個角落，一切自然會豁然開朗。

 # 空間：每個人需要的大小不相同，有人希望身邊擠滿了人熱熱鬧鬧，有人則希望周遭出現的都不是人。

別把父母不睦
當成自己變壞的藉口，
你最後變得如何，
終究是你的決定。
千萬不要把它做為
懲罰父母的手段。

因為生長在單親家庭，或父母長期不在身邊，在學校被人嘲笑、被人欺侮，於是你為了保護自己，不得不用叛逆行為、粗魯言語，以及肢體暴力來對抗世界。有些人會認為反正家已不再完整，爸媽從不在意自己的感受、也不給予關懷，不如就自行脫離，因此，在學校不讀書、蹺課玩樂，甚至在外逞兇鬥狠也無所謂。

你之所以這樣想，我都懂。在我年紀很小的時候，父母因為不合而離異，成長過程中也不見他們的陪伴。或許你會問我：「羨慕擁有完整家庭的人嗎？」怎麼可能不羨慕。「會怨恨不在身邊陪伴的爸媽嗎？」怎麼可能不怨恨。因為會羨慕，因為會怨恨，我在青少年時期也曾叛逆、變壞過反正沒有人關心，也沒有人想管教，讓生活過得一塌糊塗，那也是理所當然的事情。

在那段時間，蹺課蹺家、打架滋事，根本是家常便飯。你會問：「那樣的日子開心嗎？」現在回想起來，其實一點都不開心。那時自己的所作所為，只為了尋求別人的認同、企圖獲得關注、汲取關心罷了。你又問：「對於那段放蕩的日子，後悔嗎？」如果一切可以重來，我會選擇用正向的心態去面對，而不是白白浪費那段光陰。可惜的是，這世界還沒發明時光機，也還沒有治療後悔的特效藥。

別把家庭不和諧變成自己不好過的理由。**你的前途會如何，家庭只是其中很小的因素，真正會影響的，是在於自己怎麼善用時間與身邊有限的資源。**不要因為沒有父母親的陪伴而毀了自己的一生，用寬容的態度去看待，父母有選擇自己道路的權利，你同樣也有。我們無法控制別人的決定，但可以選擇自己要用什麼樣的心態過活，別虛耗在不諒解與怨恨的情緒上，這懲罰不了別人，只會傷了自己。

將自身境遇怪罪在別人身上又如何呢？唯一該檢討的，是那個不願好好照顧自己的我們。其實，身邊依舊環繞著美好的人事物，只是它們在不知不覺中被我們的無奈、不甘與憤恨的情緒給掩蓋住了。

何不換個角度思考，某些人來到你的生命裡，不是為了陪伴你，而是讓你明瞭未來該怎麼陪伴身邊最重要的人。

很多不開心都是自己給的，希望有人疼愛、有人關心、有人照顧。或許，我們最該明白的是，每個人都有選擇生活的權利，也許父母的選擇並非我們所要的，但他們卻因為這個決定而過得很好，那也只能予以尊重與體諒。試著包容生命中的不完美，才能懂得在不完美的生活找到自己真正需要的美好。

成長就是在反覆的獲得與失去之間堆疊起來的，珍惜身邊既有的，無法留下的就不需太執著，擁有自在的心情，才能擁有自在的人生。

問題從不在於成長環境的樣貌，而是你想要成為何種樣貌。我們總以為是環境或遭遇拖垮我們，其實是我們緊巴著環境或遭遇不肯放手。

#怪罪：為自己推卸責任最輕鬆簡單的一種方式。

你無法選擇
親人離開的時間與方式，
不要再去增加死亡的重量，
讓必須經歷的哀傷簡單些。
你要過得好好的，
那才是所有人的盼望。

總會有那一天，自己重要的人離世，痛苦與悲傷會在一時全面湧上，你必須習慣再也沒有他們的人生。儘管清楚人終將死亡，但我們永遠無法預先做好準備。事情總是突如其來的發生，當下的反應是震驚，接著混亂無序，雖然理智上明白發生了什麼事，在情緒上卻無法意識到那是真的，或者打從心底抗拒，否則，自己的身心將難以承受這般突如其來的打擊。

我想，最讓人感到難過的是直到最後，終究不得不接受他的離去，而且是永久的道別。不會再有歡欣鼓舞的重逢，也不會再有神奇逆轉的結局，聽不到他的責罵，看不到他的笑容，也感受不到他的體溫。時光無法倒轉，現實無法改變，奇蹟完全無用。

親人的離去，其實對我們是另一次成長的開始。要優先考量的，不是離開的人，而是那些還活在世上的生者，包括你自己。

既然離去已是無可憾動的事實，那就不要再去加重死亡對身邊的人所造成的負擔，讓必須經歷的哀傷單純一些。換句話說，不要一直沉浸在沒有他的痛苦，而是要開始思考，該怎麼讓身邊更重要的人過得更好。所愛之人的離開肯定讓我們悲慟不已，若一直用悲苦的心看待所處的情境，只會讓自己與身邊的人陷入更深、更沉的痛楚中。

沒有什麼打擊是無法繞過去的，也沒有什麼傷痛是好不了的，那些悲傷的經歷就像是人生道路的收費站，就算不想過，還是得過。或許，我們永遠都無法讓自己準備好來面對這一切，以為沒有了誰就活不下去，但自己才是真正的關鍵人物，這次，你也會撐過去的。

這世上再美好與再糟糕的事都一樣，過去了便無法重來，唯一能做的，就是繼續向前走。

面對親人的離世雖然痛苦，但它總會留下一些什麼，或許改變了我們長久以來的生活模式，也可能重塑了建構未來的想法。比方說，當一個重要生命的消失，會提醒我們去追求一些早已遺忘的重要目標，或是去執行一直被拖延著始終不願去力行的事情，因為我們總天真地以為，自己還有大把的時間。

逝去無比沈重，卻提醒了我們與人之間的牽絆是多麼珍貴，也多麼值得珍惜。恰好提供了我們自省的機會，重新檢視生活中的人事物該如何排列優先順序。

努力過好每一天，也照顧好身邊的每一個人，這才是我們該做的，也是離去的人所盼望的。

#收費站：沒有人喜歡經過，除非你是那個收到錢的人。但，我們會願意經過，因為那通常是最快速的道路。

過度的保護與溺愛，
對孩子來說，
其實是一種慢性傷害。

之前曾在網路上看過一則小故事，內容大意如下：

西方小孩問他爸爸：「我們家這麼有錢，可以買機器人戰士給我嗎？」

爸爸回答：「錢是我的，不是你的。我的錢要怎麼使用，由我決定，我想買什麼送你，也由我決定，你可以選擇不接受。你將來長大了，要自己賺錢，才能自己決定擁有什麼，懂嗎？」

如果是台灣小孩問他爸爸：「我們家這麼有錢，可以買機器人戰士給我嗎？」

爸爸回答：「當然可以，我們家很有錢，等你將來長大了，我的錢都會是你的。」

雖然這則故事有點誇大，卻可以明顯看出中西父母在教育孩子的觀念上有極大差異，這兩個小孩到最後都會繼承父母的財產，不論是有形還是無形，但不同的教育方式，卻會深深影響下一代看待人生的態度。西方家長的教育方式，會讓孩子明白不能依賴他人，凡事要靠自己努力，有多少能力決定擁有多少財力；而台灣家長的教育態度，很容易造成小孩有「反正家裡很有錢，爸爸會罩我」而不需要太努力的觀念。

愛護孩子是人之常情，想要讓孩子在優渥的條件下無憂無慮地成長並沒有錯，更重要的是，要創造出一個良好的學習環境。但，這裡指的學習環境並非佈置出很棒的書房、聘請很優秀的老師，或是購買很多課外讀物，而是在生活中，一點一滴傳達給小孩正確的價值觀，以及做人處世的提醒。例如，每天的零用錢是必須幫忙做家事才能獲得，建構出正確的運用金錢概念；倘若你在某些公益團體擔任義工時，不妨也帶著孩子一起參加，讓他們了解助人為樂、施比受更有福；此外，也要培養他們的同理心，多為對方著想，以客氣禮貌的態度待人。

家長的身教永遠是孩子最容易學習的方式。別忘了，**我們並不能全權決定下一代今後的人生，必須要由他自己來創造才是。**

我們所能做的，就是引導與協助，而不是強迫與保護。過度保護與溺愛的結果，就是讓孩子在社會上失去了與人競爭的能力，可能還會造成他日後成了不願辛苦工作，只想伸手向家裡要錢的啃老族。

一路走來，我們都深受遇見的人事物所影響，比方說家族、老師、同學、主管、同事，日常生活或是職場環境等。這些看似細微的因素，都會讓每個人的一生變得不同，可是真正決定人生結局的，還是要視自己的價值觀而定，無法被他人左右與強迫。

我們能夠試著創造的，就是一個讓他可以獨立自主決定的環境，而不是事事保護、無限給予的過度溺愛。

#溺愛：就像是溫水煮青蛙，讓一個人在舒適的環境裡，不知不覺慢慢死去。

每個人都有各自的路，
別把別人當成另一個你，
代替你去執行未能完成的夢，
那是可怕的自私。

偶爾聽到別人說的真實案例，有些父母會把自己沒有機會再嘗試或完成的夢想，強加在下一代身上。

有一位媽媽，年輕時想當歌星，卻因為某些原因而無法圓夢，於是，她把這個夢想寄託在自己的獨生女身上。我不確定小女孩是怎麼想的，但在我看來，她好辛苦又不快樂。除了平時不算輕鬆的學校課業之外，每天課後還排滿了各式各樣的才藝課程，而且幾乎都是媽媽親自陪著練習，壓力之大可想而知。

我也聽過有人因為自己考不上某大學某專業科系的研究所，於是，從小嚴格要求兩個小孩的學業成績，管教十分嚴厲，幾乎不給玩樂的閒暇時間。孩子們的成長過程就在讀書、補習、考試和練習作題中度過。甚至，他還告訴兩個小孩，若誰能考上了那所大學的研究所，就能獲得家中全部財產。

那些總想控制他人的人，通常是控制不了自己的人。他們控制不了自己想操控別人的行為，控制不了自己自以為是正確的想法，也控制不了自己想要填補內心遺憾的欲望。**別把孩子必須傳承自己的思想與意志視為理所當然，因為他永遠不會變成任何人，包括你，因為他是獨一無二的。**

不必拿孩子跟自己或任何人比較，說不定他們將來會在某方面超越你。不要一味認為他做得不夠好，很可能只是因為你所期待的，並非他想要的而已。別忘了，當初你就是無法完成自己的夢想才會感到遺憾，因此，更能體會無法做自己想做的，反而要去完成別人所期待的，那是多麼痛苦的事。

不要讓自我滿足摧毀你所守護的家，不要執著，也不要迷失。其實，與孩子相處的時間並沒有想像中的長，真的不要將時間耗費在對他們施加壓力的事情上。

人生，就像是一台直行的快車，停不下來也無法回頭，無論是好是壞，過去就是過去了，不要被那些錯過的遺憾牽絆住。請對過往的自己釋懷，也用體恤的心情看待還在探索人生道路的年輕靈魂。

倘若身為人子的你，一直壓抑內心真正想法而順從他人意志，企圖讓對方感到開心，讓這個家不會因為你的不聽話而搞得烏煙瘴氣，反正只是稍微的讓步而已。**你願意為自己的家庭做出犧牲，確實是值得讚許的事，但家庭的圓滿與否，不該是用任何人的將來、夢想與痛苦來成就的。**

你不必拿自己的人生來交換父母的愛，因為真正愛你的人，絕不會為了完成自身的夢想而甘冒破壞你們之間感情的風險。

假如父母的一句「為你好」，其實是為了完成自己未竟的夢想，那對孩子來說並不是好，而是人生的干擾。若為了孩子好，應該是給予「家」的溫暖。家，是給予在外頭為了追求目標而打拼的孩子們，最溫暖、且最舒適的去處。

#遺憾：一種「自以為一定能夠得到或做到，結果是千金難買早知道」的心理狀態。

我們無法選擇出生的家庭環境，
但，至少可以選擇
用什麼樣的方式過活。

我們總是追求著自己所沒有的事物，比方說，金錢與美貌。總會有人抱怨，為什麼自己不是出生在財力雄厚的家庭，這樣就不必每日辛苦工作賺錢，也不必忍受別人臉色；或是埋怨自己長得不夠好看，怪父母的基因不好，都是因為他們長相太差、身高太矮，才會影響自己的外在條件；也有人覺得家裡的人粗俗、沒文化、沒氣質，跟他們一起出門感到很丟臉。

最大的問題根本不在家庭成員、成長環境，而是我們用了什麼樣的眼光、高度，來看待家庭與家人，還有自己。

其實，我們需要的並不多，卻總忍不住與別人比較。為什麼要與人比較家庭呢？比來比去，他家也不會變成你家。我們很容易站在有距離的外圍來看待他人，用想像來美化別人的人生。真的不要羨慕別人，說不定自己才是被羨慕的對象。

看到別人擁有優渥的生活而嫉妒時，當遭遇失敗而怪罪自身家庭時，或是受到他人嘲諷而妄自菲薄時，都別忘了，沒有人應該給予你想要的那些條件，包括父母及家人，若有人肯給，就要當自己是賺到的，如果拿不到，就努力去爭取。

家庭背景，不該被當作拖累自己的理由。如果不喜歡別人給你的環境，那就要想辦法自己去創造。

別把自己的不順遂歸罪於任何人，該怪的，就是還不能創造理想生活的自己。滿肚子的消沉悲觀、怨天尤人，只會將想要的生活越推越遠。若一直把家人與環境當成藉口，將永遠都不可能脫離現況的。

有些人很幸運，含著金湯匙出生，卻因為自己的不學好，最後把所擁有的金湯匙給弄丟了。反之，有人雖然沒有含著金湯匙出生，最後卻擁有了一整組金餐具。這世上沒有真正糟糕的環境，只有心態糟糕的人。

一個人能擁有好運，那是因為他懂得修正心態，並且呵護每一位守護在身邊的人。當自己越來越好了，所遇到的人也會越來越好，相對地，身處的環境也會越來越好。

你需要的，不是家財萬貫的父母或是金碧輝煌的家，而是願意在你落魄潦倒、沮喪失意時，依然願意給予溫暖的家人。

要珍惜在你傷心難過時一直陪伴在側的家人、在你害怕或危險時願意捨身保護自己的家人，以及在你嫌棄他們之後依然不離不棄的家人。有了家人這個後盾，我們才能義無反顧地去創造人生；有了他們無私的給予，我們才有能力去給予別人溫暖；有了他們的永不放棄，我們才能奮不顧身地追尋夢想。

人生沒有所謂的完美，而家庭肯定也有不完美之處。真正的快樂，就是不要去在意那些沒那麼美好的部分，並且懂得在平凡的生活之中找到自己熱愛的部分，然後好好愛惜。

 # 金湯匙：任誰都會想要擁有，但一旦得到了，你又會想要一個金鍋子，而且還未必會滿足。

生活日

d a y o f f

能夠在虛偽與現實中抱持著真誠並努力生活的你，光是可以好好過日子都已經是何其難得。

悲觀者的好處，
在於會先看到地獄那一邊，
之後只要稍微有好一點的境遇，
就像是在天堂了。

雖然寫了很多鼓勵大家正向思考、樂觀看待眼前困境的文章，其實，自己是一個想法容易有悲觀傾向的人，也和很多人一樣，擁有不習慣向旁人吐露心事的性格。

或許，正因為明白悲觀者的心情，了解悲觀想法所帶來的負面傷害，懂得心中充滿負能量的可怕，才能體會到樂觀的好處，願意學習轉念的力量，以及學會珍惜身邊的美好。

不是每個人的個性都是積極開朗的，不是任何人的想法都是正向樂觀的，也不是所有人面對不如意時都能輕鬆以對。樂觀的人確實有他面對逆境的先天優勢，可是，我卻相信悲觀的人也會找出面對人生的竅門。

不一定要強迫自己隨時充滿正面能量，而是要學習如何應對心裡產生的負面情緒。每個人的性格都是與生俱來，很難被改變，即使強要改變也不是一朝一夕就能做得到。我們所能做的，就是學會順應它，試著駕馭性格裡不好的部分，找出與負面情緒和平共處的方法。

要一個原本憂鬱孤僻的人，馬上變得樂觀開朗，根本是強人所難。「放下、正面、加油、看開點」這種鼓勵性字眼在悶悶不樂的時候出現，聽起來就是沒有用處的廢話。越是想要放下，越容易放不下；越是想要正面思考，越容易想起負面的事情；越是想要看開點，越容易看到在意的那一點。

這時需要的是，懂得與負面情緒共處，而不是去壓抑它或是無視它。

不妨正視自己的心情，找到屬於自己的排解方法。有人是看搞笑、沒營養的節目，有人是出門去郊外散心，有人是用運動來發洩情緒，有人是找三五好友聊天談心，也有人跑到深山裡大喊大叫，總會有一個適合你的方式。

學習應對心中不好的情緒，不用強逼自己樂觀積極，很多時候，那才是不快樂的源頭。

悲觀，好像一無是處？我是悲觀的人，卻認為悲觀也是有好處的，面對事情時總會先看到地獄的那一面，心裡會先預期不會有太好的結果，因此，之後的走向有稍微看到一絲曙光，就會開心到像是置身在天堂了。

任誰都會遇到不如意的事情，偶爾也會有擔心害怕的情況，或是不明所以突然心情低落的時候，差別在於有人會用適合自己的方式處理它，甚至將它轉化為成長的動力與優勢。

你已經設想過最差的情形了，不如轉換心情放手一搏吧，相信過程一定比你想像得還要順利。帶著不好的心情，就會做出結果不好的事情。

我們該練習的，不是在雨天散步，而是在雨天時心裡再怎麼不爽，雨過天晴後又能笑著跑步。

 # 地獄與天堂： 快到演唱會現場才發現自己沒帶票出門，那是地獄；然後又發現自己記錯時間，演唱會根本是下星期，瞬間變成天堂。

積極向前很棒，
緩緩前進也沒有不行，
每個人適合的生活方式
不一定相同，
不必用別人的步調來難為自己。

我們很習慣拿他人的成就或目標來跟自己做比較，或者用別人的目標和進度來硬逼自己跟上。「積極進取」是難能可貴的精神，願意向比自己優秀、成熟的人學習，是值得受到鼓勵的；可是，別人的成功途徑是屬於他的，任何人都無法照著原路再走一次。**別人前進的節奏是適合他自己的，我們無法用相同的速度前行。你可以參考別人怎麼做，但不是全然模仿，而是要思考自己適合的方式。**

在學校、職場或是社會關係中，大部分的人都不願意讓自己看起來與眾不同，盡量讓自己與周遭的人同化。事實上，年輕的我也曾如此。

明明不喜歡某位明星或某部戲劇，為了跟同學、朋友有話可聊，於是強迫自己去欣賞，假裝自己也很喜歡；明明對某些事情根本沒興趣，因為同學、朋友都有做，所以也要跟著做，還要假裝自己很開心。

其實，每個人都是獨立思考的個體，何苦要逼著自己一定要與別人相同。而且為了別人而做的事，那怎麼能叫心甘情願？既然不是自己喜歡的、願意做的事情，最後的結果當然不可能會美好，最後的成績自然不可能會很理想。

模仿，未必全然不對，它是一種學習方式與捷徑。但，我們應該從模仿的人事物之中找出適合自己的，並從中轉變出更出色的做法，而不是複製再貼上就好，這樣的做法絕不會讓自己有所成長。

對於目前正在做的事感到迷惘時，我都會用這句話來提醒自己：「我們活著是為了做好自己，不是去做別人喜歡的事情。」

不必一直羨慕著別人的成就，不必老是追隨別人的道路，更不必總在思考別人要走什麼方向，我們必須先弄清楚自己的路，如果連自己要往哪裡去都不清楚了，那麼，別人要去哪裡關你什麼事？跟著別人走，或許是一種方向，也是最省事的方法，但終究還是要以自己的步調前進，也要判斷這條路到底是否適合自己。

人生的道路是靠我們自己開創的，沒有人規定要用多快的速度到達，也沒有人規定要怎麼走，即使在最徬徨無助的時候，即使是汗水或淚水讓你快要睜不開雙眼，還是可以緩步前進，你也可以選擇等待，等待引領你持續前進的聲音出現。該前進時，不必別人推，你自然會自己邁開步伐。

積極，當然很好，但不是埋首拼命一直向前衝就好。休息，不只是為了走更遠的路，也是讓自己有時間思考接下來該怎麼走。有天，你將會發現最有成就感的，不是你能夠做好什麼事情，而是終於明白自己適合用什麼方式做好事情。

適合自己，才是人生中最重要的原則。無論是任何事情。

#模仿：很多人以為最容易、最省事，但最後若發現不適合自己將變得很困難的一種行為。

有人會盡力把失去
當成獲得在生活著，
也有人隨意把擁有
搞成失去在生活著。
這就是珍惜與不珍惜的差別。

經常聽到有人抱怨自己的工作、家庭，或是生活中所接觸到的人；也時常看到有人把家人的付出、朋友的好意，或是他人的幫助視為應得的回報。仔細聽完那些抱怨之後，你會發現這些遭遇根本沒有很悲慘，與真正辛苦的人相比，甚至都還可以稱得上是幸運與好命了。

將他人的善意視為理所當然，若對方不給予好處、不願表現出善意，就立刻暴跳如雷。有些人的生活之所以不快樂、煩惱及無奈，我想，最大的原因在於他們的心。

如果你一直只專注在失去的部分，心裡存著與人計較的想法，即使得到再多、再好的物質生活，別人給予了多麼真誠、多麼無私的心意，你也永遠不會滿足。

我們是否可以擁有自在的、愉快的生活，就在於你是否可以珍惜現在擁有的一切，是否可以懷抱著感恩的心看待他人的付出。

當某些事物失去了、情況不好了，那也是沒有辦法的事，我們只有兩隻手，能抓住的有限；我們的力氣就這麼大，能夠負擔的也有限。本來就不可能全部都佔有，最重要的是，好好珍惜自己還能擁有的、把握的。

有時，失去是最好的獲得。對你真正重要的事物，若不用心去感受是不會明白的。有人因為失去了之後才終於領悟，並且長大成熟了，不再怨天尤人，反而懂得用認真踏實的心待人處事，用感恩的心去看待他人對於自己的支持與好意。

好好珍惜現在擁有的一切，先不急著懊悔自己所選擇的生活，可能當初選擇另一種生活也未必滿意。我們太習慣羨慕不屬於自己的生活，忘了為所擁有的優點自豪，與其抱怨、羨慕，還是珍惜現有的比較實在。

或許不容易，但最後終究會明白，人生不會只有失去與不好的，那些美好的事物其實一直都存在，只是在不知不覺中被忙碌、挫折與令人疲累的人際關係給掩蓋了。

珍惜，或許是一種因為失去後才能體認到的價值。總要經過失敗、痛苦、悔恨及打擊的人，才能領悟到珍惜的重要。

沒有經歷病痛的人，不懂珍惜健康；沒有經歷飢渴的人，不懂珍惜食物與水；沒有經歷過囚禁的人，不懂珍惜自由；沒有經歷戰爭的人，不懂珍惜和平。既然如此，不如現在就開始好好對待身邊所擁有的一切，不要再等到失去了才後悔莫及。

試著讓自己看開點，心要寬大，要明白「越是放不下的，越容易失去；越想緊緊抓住的，越容易溜走。那些想要擁有的，本來就不屬於你；那些想要找回來的，其實也早已失去。」**太看重、太在乎，只會讓自己陷入得不到與不開心的循環而已。**

那些想要的與失去的人事物，都是不在你身邊的，不必執著，一切隨緣，唯有懂得放下，才能好好把握當下。

 # 珍惜：明明都知道這是自己最該做的，卻總會在最後才像詩人般感嘆的一種行為。

重新開始，
並不代表全盤否定過去
或是背叛自己，
而是願意正視內心的改變，
以及保有對於未來的信心，
最重要的是，
你不會放棄自己。

也許你曾聽過這樣的一句話：「每個人原本都有自己的計畫，直到他們臉上重重挨了一拳。」

難免會有下錯決定或做錯事情的時候，我們只是個平凡人，計畫永遠趕不上變化，只要能願意面對自己的錯誤，並且改變心態、想法與處理方式，那就夠了。

做錯事情難免會遭受責難與批評，自責檢討是必須，但不必因此妄自菲薄，讓自己變得綁手綁腳的。這些經歷都是我們成長的印記，只會讓自己變得更好、更強。不允許別人犯錯，本身就是個錯。

我們要做的是接受自己不完美，明白自己隨時可能會犯錯，然後在犯錯的當下不要怪罪任何人，好好改善自己，願意好好面對錯誤之後的下一步。

有些人會企圖改變現狀，可能是工作、就學、感情，或是人生目標，想改變或放棄的原因並不是感到很痛苦或是做錯了什麼，就只是單純想改變了，或不再喜歡了。一旦出現了這樣的想法，你會開始糾結，好像放棄現在擁有的，等於否定了過去自己的決定，對不起自己、也對不起相信自己的人，甚至會傷害到別人。

或許，對於自己過去的選擇不再堅持，像是在自打嘴巴。但，這不能算是捨棄或不堅定，而是內心想法的自然改變，你只要正視現在心中重新自省的決定。我們會慢慢成長，隨著生活經驗的累積，每個階段會產生與過去不同的思想與價值觀，這是很正常的，不必因而否定自己的人格。

我們在每個人生階段所做的任何改變，都是在一點一滴堆積出自己的模樣；而我們所做的每個選擇，都是在逐漸描繪出自己的未來藍圖。人生沒有什麼早知當初，不管能夠重來多少次，肯定都會有遺憾，也一定會出現錯誤與不滿意的事。

其實，你不一定要有什麼堅定的人生目標，也不一定要有什麼偉大的生涯規劃，你只需要知道自己現在擁有的是什麼，明白自己接下來想要的是什麼。

一個人之所以會成功，不是多麼聰明、有才能，或是多麼富有、有人脈，而是必須願意接受失敗、清楚自己會犯錯，才能吸取教訓並且重新開始。

就算逃跑也是不輕鬆、要花力氣的事，何不把力氣與時間用在重新開始呢？過去你可能以為所謂的堅持就是永不動搖，但最終會慢慢明白，堅持是就算改變了初衷，依然不會放棄自己，依然在新的方向繼續前進。任何的打擊與失敗都不會成為自己逃跑的藉口，或許改變不了別人的想法，也改變不了周遭的環境，至少改變自己，重新選擇一條適合現況的路，再嘗試走一次。

人生不該是與自己心意背道而馳，就算是最保險的、最不傷人的，也絕對不會是開心與心甘情願的。應該要順著自己的心意，盡最大的努力，然後做最壞的打算，並且接受自己與別人的改變，保有對於未來的信心。

#自打嘴巴：或許看起來很蠢又很痛，卻是能讓自己承認錯誤，並且記取教訓重新開始的一種方式。

當你想要放棄的時候，
請試著回想自己
為什麼要一路走過來，
難道你走到這裡，
只是為了要放棄？

這幾年，因為工作的緣故，經常有機會跟年輕人接觸、共事，有些是打工或實習的大學生，當然也有剛畢業的社會新鮮人，他們給人的感覺是挺聰明的、願意嘗試，若拿那年紀的自己去比較，他們可是優秀多了。可惜的是，我發現有不少人做事很容易虎頭蛇尾，遇到困難就放棄，不然就是失去熱情而不想再繼續下去。我不認為年輕人是「爛草莓」，只是他們能夠選擇的路太多，這條路不走還有其他路，或是根本還不清楚自己真正想要的是什麼。

多方嘗試、願意嘗試，這是好事，才能找出更好的解決方案或更適合自己的目標。但，前提是不能逃避自己該負的責任，不該把責任推托給其他人，或是依賴別人替自己解決。

要選擇自己喜歡做、願意做的，能夠讓我們堅持下去的力量是「愛」，任何事都一樣。假使只覺得「別人都在做，所以我也想做」，或只認為「做這件事好像很酷、很好玩」，抱持這樣的心態去做事，根本無法盡全力也很難堅持到最後。無論你的能力再好，若沒有強韌的心意，也肯定做不好。

生活可能不如你想像的那樣美好，但也不會像別人形容的那麼可怕，更何況你的能力和意志其實往往超乎自己的預料。

有時，原以為自己做不到而不肯嘗試的事，做了之後才發現其實沒那麼困難；有時，在你嘗試之後，真的認為做不到而想放棄時，不妨咬著牙再硬撐一下，就會發現自己原來已經快走完這條路。

當你懷疑自己的時候，不妨想想身邊那些相信你可以的人。一個人如果什麼事都容易放棄，那麼身邊的人也會容易對他放棄。

挑戰，本身就是一個學習及成長的機會。如果你很有天賦，努力與堅持會讓成果更加完美；如果你的才能普通，努力與堅持會彌補其中的不足，同樣也可以做出很棒的成果。

或許你不喜歡目前的現況，但，現在會如此都是過去自己的不努力所造成。如果你不希望將來跟現在一樣令人不滿，那麼，從現在開始就不要輕易放棄。感到疲累時，表示你正處於上坡路，堅持走下去，就會發現到達了人生的另一個高度。

試著讓自己別太在乎得失輸贏，當你認清了人生就是一段有高有低、起伏不定的過程，也不會輕易放棄，而珍惜現在所擁有的成果。當你對很多事情釋懷了，不讓那些過往的經歷困住自己，也能坦然去面對那些未知的將來。

就算碰上難過或辛苦的事，也不要逃跑，用心過生活，不被過去不好的經驗所束縛，也不要為了自己想像過份美好的未來而分心，只要堅持過好今天便已足夠。

就算目標尚未達成，就算結果不甚滿意，只要盡力了，而且沒有放棄，那些都沒有關係，重要的是，我們又度過了問心無愧的美好一天。

#爛草莓：被這麼說其實沒什麼不好，相對別人也就不會有特別的期待，而且，誰說草莓爛掉了就不能吃？

不必特別羨慕別人走的路，
好好走自己的路，
別人的路未必比較好走，
說不定，
別人也想走你正在走的路。

我們總是習慣站在自己所選擇的路上，觀看另一條自己沒有選擇的道路，看到那邊的熱鬧風光或一路順遂，然後感到後悔、羨慕。其實我們看到的，永遠是只被看得到的一面，在我們看不到的地方，說不定是坑坑洞洞、充滿崎嶇，也看不到別人為了能走得如此平順而私下所做的很多努力。

你只能為了自己所選擇的負責，假使你不為自己的人生而活，那麼，究竟誰要為你的人生而活？試著不要再拿自己跟別人做比較，因為你永遠不會是他們。你就只是你，當然有好、也一定有壞，你要全然接受它們，就像是孔雀擁有了華麗的尾翅，卻也影響著牠的飛行能力以及行走的穩定性。同樣地，別人的人生當然也是有好也有壞，不必過於羨慕。

我們會去羨慕他人，絕大部分是因為已經習慣了自己所擁有的美好，而忘記該好好珍惜；或是看不見自己的優點，但人們卻懂得你有多麼特別、多麼幸運。

不要一直懷疑自己，你走的路或許跟別人的不一樣，就算現在被認為是不對的，如果你真心認為自己沒有錯，並且能夠堅持下去，當有一天，大家開始想要跟你走同樣的路時，你就是對的了。

可能你也看過這段話：「將複雜的事情簡單做，就是專家；簡單的事情重複做，就是行家；重複的事情用心做，就是贏家」。好好走自己的路，沒有人是微不足道的，我們所做的每件事都有其意義在，不必妄自菲薄，能夠在虛偽與現實中抱持著真誠並努力生活的你，光是可以好好過日子都已經是何其難得。

心態，就是人生的導遊，你的心有多放鬆，你的道路就有多輕鬆。如果不能改變心態的束縛，即使讓你走在平坦的柏油路上，你也會感覺自己肩上扛著重重的負擔而無法向前。

除了做人、做事要珍惜擁有的，也要懂得捨棄拖累自己的，這樣的你才能往前邁進，不要緊抓那些多餘的東西不放。

人生當然不可能一帆風順，最後能不能達成目標，不是決定於平順時的表現，

而是取決於面對逆境時的態度。該放鬆就休息，該認真就別隨意，要相信自己也時時提醒自己。

要在自己選擇的道路上奮力前進，無論體力上或精神上都是很累人的，可是，我們會在這一路上慢慢地提升自己、不斷地累積實力，只要願意全力以赴，真心想達成，總會有人扶著你繼續走下去的。當你不再拿別人來與自己比較了，而是善盡自己的角色；不計較一時的得失與回報，不因遭受挫敗就心灰意冷，正視每次付出的表現，這樣的你，不管行走在什麼樣的道路都會華麗且顯目。

#羨慕：很多人在看待其他人都會出現的一種想法，只是有些人表現出來的嘴臉比較像是「嫉妒」。

人生這麼長，難免有關卡，
某些時刻會過不去，
說不定，
只要願意暫時彎下身就能過去了。

在《只要好好過日子》書中，我提過自己待過不同行業。比方說，學生時期當過裝潢公司的木工學徒，也在電玩店做過服務生；剛出社會時，做過快遞、警衛，以及跑業務。這些工作可能是很多人不想做的，因為太辛苦了或者難為情；有人還很不可思議地問我：你怎麼會去做那樣的工作？

自己心中理想的、喜歡的工作，或許不是上述的那些工作，但，現實不可能讓我們隨意選擇想要的生活方式，更多的是，強逼自己妥協、暫時接受自己不太滿意的生活。

我一直很想從事行銷企劃的工作，但因為在校所學的並非行銷相關，而且大部分的公司想要聘請的人都希望有相關工作經驗；於是，我退而求其次，先找有興趣的行業進入，不是企劃職務，而是業務工作。

正因為我願意向現實妥協了，才有後來的機會，在公司內部學習、觀察行銷企劃工作內容，透過經驗的累積與自我的學習，最終能夠進入真正想要從事的行銷工作。

為什麼會再次提起自己的職涯歷程？無非是想提醒：就算難為情，承認自己不夠好，願意承擔生活的現實，那就是一種勇敢。

有時，我們要接受現實，並承認自己有缺點、也有很多不懂的事情，我們沒辦法想做什麼就做什麼，世界上也沒有人能事事都拿手，這都必須透過經驗與學習而來。或許你曾經想要成為眾人的太陽，可是太陽總有下山的時刻；也許你覺得自己是不可多得的將才，但是將軍也得從小兵開始磨練。堅持下去不容易，但要你放棄又何嘗是件輕鬆的事。很多人總說，努力就一定有所收獲，卻忘了把放棄也算在內，其實，我們也能在放棄之後獲得些什麼。

如果這次必須選擇彎下腰放棄了，那就去好好把握下一刻的機會。如果下一刻沒有了，那就再從下下一刻開始吧。別忘了，我們有一輩子的時間可以嘗試。如果生活中的每件事總是完美順利，就會變得習以為常了，因此，偶爾來些問題與狀況也不錯。

更何況那些你所經歷過的體會都是自己的，那些遭受的不順利也全是你的，有一天你會走過這一切，將來也請你別嘲笑、質疑那些有類似遭遇與處境的人，記得自己也曾經有過面對現實不得不低頭的時刻。

任誰都有遇到關卡的時候，別再想著事事都要做得完美，不要護著沒必要的面子，自尊心固然重要，但好好照顧自己與身邊的人更重要。只要保持著想要進步的企圖，明白自己現在雖然還不夠好，但絕對可以更好，只要你願意改變，就能找到更好的自己。

難免有流淚到看不清楚眼前的時候，難免有疲憊到動都不想動的時候。沒關係，好好哭一回，好好睡一覺，明天又是嶄新的一天。好日子來臨前，總會度過一段不順心的日子，到底要多久，我也不清楚，也許要很久，也可能睡一覺就來了。

我們只能認真生活，然後相信自己，給好日子一點時間，它終究會來的。因為有過不好的日子，我們才懂得珍惜好日子。

#妥協：一種為了達成某種目的不得不放棄其他事物的做法。比方說，為了減掉啤酒肚，又要繼續能喝啤酒，我不得不放棄吃鹹酥雞。

如果還沒有能力
創造自己喜歡的生活，
至少，要先有能力
應付眼前討厭的生活。

很多人會抱怨自己的工作、學業或生活的種種，有些人怨念一起，上至老天，下至地心，全都是造成他目前現況的罪魁禍首。偶爾抱怨一下，是適當的發洩，也挺好的，就像是平時難免有些小型地震，有正常的能量釋放才比較安全，可是頻率一多，也會讓人受不了的。如果你不敢放棄，也無法改變現在的生活，與其花力氣抱怨，不如花精神來處理眼前必須面對的問題。

「沒有做不了的事，只有做不了事的人」，有些事情未必困難，通常是你不相信自己可以做得到，或是根本不願意做，才會認為沒辦法。很多時候都是自己的預設立場，先不要想得太複雜，一步一步來，做好手邊能做的，再來考慮想做的。先做時間內能完成的，畢竟我們不是萬能超人，踏好腳下的步伐，再去思考接下來往上爬的路。

面對眼前的環境與問題，我們只能改變可以改變的，然後適應不能改變的，如果移不了山，就繞過去吧。

其實大部分的問題，並不是你沒有能力處理，而是沒有心思處理。年輕時，曾有位主管對我說過：「如果有一天，早上起床發現自己出門上班很想死，那就不要再做這份工作了。」這句話影響我很深，當你發現自己做的事情一點都不是自己想做的，那就別再做了，因為你連應付的心思都沒有了，怎麼可能會將工作做得好。你的人生不必用來浪費時間行屍走肉、歹戲拖棚。

要試著轉換自己的心態。打個比方，偶爾去吃的人氣美食經常大排長龍，在排隊時不要想著究竟要排多久，不妨看看身後的排隊人潮，看著人越來越多，他們可是比你還要晚吃到，這樣想心情就會好多了。凡事不要只想著討厭的部分，朝著讓自己開心的方向思考，心情好了，事情也會跟著好了。

或許你認為自己的生活太平淡、太無趣了，也許你覺得自己一直在做沒意義的事情，如果你願意從另一個角度去看待自己的人生，也許，眼前的世界也會變得不一樣。試著這麼思考——「在枯燥乏味、消磨意志的現實生活中，繼續保持著自己的熱情與信心，這就是你生活最重要的意義與目標。」

不要一味抱怨要處理多少雜事或麻煩，其實，不管想做什麼樣的工作、想過什麼樣的生活，都會有不少雜事或問題要處理。即使你正在從事喜歡的工作，但它依舊需要你去解決各種不同的瑣事，假如沒有這樣的認知，沒有用正確的心態去面對生活，那麼，只會讓自己在不斷失望與不停抱怨的輪迴裡打轉。

現在的年輕人最需要培養的就是責任感，當面對的事情不順利，我們的責任就是要克服現況的困境。**既然做任何事都會有問題產生，並且必須要由你解決，請抱持著自己一定可以的信心，就算那些信心根本是沒有根據的也無妨，假如你連現在的問題都不想面對或解決不了，還奢求自己可以打造夢想中的生活嗎？**

要做真正想做的事情當然需要勇氣，光是在日常中願意扛起生活的責任，都已經是不得了的勇氣了。有一天，或許你會發現，最有成就感的，未必是你能夠開始過喜歡的生活，而是你可以把討厭的生活也能應付得很好。

 # 行屍走肉： 用來形容一個人沒精神的模樣跟屍體差不多，就算是連電影裡的喪屍都比他要有活力多了。

時間很公平，你怎麼運用它，
決定了你怎麼擁有它。

經常聽到別人說：「時間就像乳溝一樣，擠一擠就有了」，雖然是句玩笑話，不過，對於每天行程緊湊的人來說，這句話確實有它的道理。例如，今天臨時需要加入兩小時的客戶會議，而原本寫得密密麻麻的行事曆上看起來並沒有這麼長的空檔，有些人會改約他日或取消其他行程來配合，但也有些人懂得去挪動前後的行程時間，硬是喬出兩個小時的空檔。

有人會覺得另外約時間處理就好，為何非得要急著馬上喬出時間，因為這些事情遲早都會被處理好的。但，對於那些懂得利用時間的人來說，多出來的兩小時，就可以用來處理其他事情，等於你處理一件事的時間，他已經準備好要處理第二件事了，相較起來，他確實做了更有效率的時間運用。

時間是自己的，怎麼運用也是自己決定的，但不是把每日行程塞得滿滿的就一定正確。

我也是屬於不喜歡把自己弄得很緊湊的人，喜歡運用一些零碎的時間。比方說，在通勤的捷運車廂上閱讀，無論是書本或是用手機上網看即時新聞；在上廁所的時候，思考寫作的內容與方向，許多靈感其實是坐在馬桶上生出來的；在走路移動時，可以用耳機聽外語教學或有聲書；在搭車移動至下一個工作行程時，也會用這段時間來回覆、處理工作的信件。

如果想要讓自己有更多時間享受生活，就要找到更有效率的做事方法與時間的運用。比起努力勤奮卻不得要領，快速的工作效率肯定更值得讚許。

除了處理事情的方式，面對的心態也很重要。有些事情並不值得自己去浪費時間，與其花時間去抱怨、與人爭吵，不如將那些時間用來充實自己，或者做好其他工作，這樣對自己還比較有用處，心情也舒坦一點。把時間花費在討厭的人事物上，那是最可惜的了，不只對自己沒幫助，還損失了心情。

然而，有些事情就必須要捨得花時間，那就是要讓自己好好休息與放鬆。**要懂得適時的自我調整步伐，每天都抽出一些時間來放空，享受一下清靜，那不是浪費生命**。抽離了忙碌與緊湊的行程，反而能找出解決難題的方法。

想要充份利用時間、想要做到最好的態度固然很棒，不願輸人的鬥志也值得讚揚。但，在乎你的人不需要你凡事第一名、完美做好每件事，沒有什麼比起平安健康更重要的了。

其實，我們人生大部分的時間，需要的不是奮力向前，而是好好休息、慢慢前行。你已經夠努力了，請給自己時間好好喘息。

你怎麼運用時間，它就怎麼對待你。該認真就認真，該休息就休息。打混是浪費人生，而逞強則是損耗健康。

#乳溝：你覺得擠一擠就有了，但對很多人而言是再怎麼擠都沒有，就算擠出來也是非常痛苦的啊！

學習有兩種途徑，
一種是閱讀，
另一種則是和比自己優秀、
有經驗的人做朋友。

這句話來自於威爾．羅傑斯（Will Rogers），或許很多人不熟悉這位先生，他是十九世紀末期到二十世紀初期在美國非常知名的演員兼牛仔，同時也是深具影響力的思想家。出身在美國奧克拉荷馬州，因為熱愛西部牛仔文化，十幾歲就前往德州當了牛仔，之後隨著雜技團及劇團巡迴於國際及美國各州間演出，後來演出電影大受歡迎而成為了全國知名的演員。

威爾．羅傑斯除了有表演的才華，他還出版過多本著作，並且在報紙撰寫專欄，在寫作上也展現了他獨特的哲學思想與敏銳的洞察力。

我在學生時代偶然從書中看到這句話，但那時根本沒什麼感覺，對年少懵懂的我來說，玩樂才是正經事。直到入伍到外島當兵之後，為了打發無聊時間，重拾書本開始閱讀，我才逐漸明白讀書的美好，它能讓人獲得知識的成長及心靈的滿足。

我也是在出了社會之後，慢慢體悟與自己相交的人，不論是朋友、同事或是戀人，在在都影響著自身的價值觀與生活。等到認識了真正有思想、有才能或有經歷的人，才發現過去的自己被朋友影響有多大，很可能還浪費了許多原本該好好運用的時間。

從事牛仔工作的人好像都是粗獷的，彷彿跟哲學思想摸不著邊，但威爾・羅傑斯除了本身的才華之外，在空閒時間也懂得透過閱讀來充實自己，而且他還與聰明有想法、在各方面有影響力的人相處，最後自己才能成為對美國藝壇、文化及政治都有影響力的人。

請試著養成閱讀的習慣吧，**或許你看過很多勵志語句，覺得那都是狗屁。可是，當你遇到真正的打擊與困難時，將會發現那些看似沒有實質性幫助的廢話，卻能在你最需要的時候給予精神上的鼓勵與溫暖。**或許你看過很多名人的經驗分享，認為那些都是經過美化的騙局，只要你願意實際去體驗，便會發現無論那些經驗是否被美化，它依然會對你的生活有正面的幫助。

若遇到比自己優秀、有豐富經驗的人，一定要把握在他們身邊相處與學習的機會，並且讓自己與行為不正、想法偏差的損友保持距離。那些優秀的人未必能真正教導我們什麼，可是光在身邊就近觀察他們的待人處事，就可以讓自己從中得到某些方面的成長。

有為的人會讓你知道「完成目標是因為擁有自信，得到機會是因為早已做好準備，展現奇蹟其實是因為真正有能力」，成功者的態度能讓你明白：「無論你認為自己的決定是多麼正確與有遠見，只要有眾多反對者出現，你都要試著反思與檢討。固執與僵化，不必有強大的對手，就會自取衰敗。」

「適合」，這個詞在我們的生命中很重要。要找到適合的朋友，找到適合的對象，找到適合的夥伴，找到適合的工作，找到適合的閱讀方式與做事方法，我們才會擁有適合自己的人生。

#交友：很多人都是在找認同自己的人，其實應該要找自己認同的人，那才是正確的。

不必給自己太大壓力。
認輸，也是讓自己
可以重新開始的解放。
請記得，我們不是無所不能，
而是總會有無能為力的時候。

大家都在鼓勵遇到挫折不要氣餒，碰到困難不要害怕，無論如何都不要輕易認輸，如果做不到，就不可能達成目標、完成夢想。這樣積極正向的人生觀並沒有錯，做事情老是因為一點點挫折、困難就放棄，抱持著這種軟弱的心態，是不可能做好事情的，更別提想要完成什麼樣的夢想了。

可是，人生確實有太多不可能辦到的事，你我不是十項全能，總有力有未逮、無能為力的時候。擋在面前的就是牆壁，再怎麼前進，也只不過不斷撞壁；上頭已經被封頂，再怎麼往上爬，也只是更快往下摔。要認清自己的極限在哪裡，因為我們都不是超級英雄，不會變身後就能所向無敵，更何況現在連電影裡的超級英雄都會被打趴。因此，再繼續逼下去也沒有用，人家也只能雙手一攤。何苦呢？今天盡力了，明天再來努力，這次不行了，下次再來試看看。

不妨學會看開吧，我們總以為被現實追著跑，其實，大部分是我們自己拉著現實不放手。錯誤是成長的一種形式，要學習面對失敗時的韌性。

我們總是拼命學習著如何跑得更遠、跑得更快，但很少人知道在跌倒時要怎麼應對？或者假使真的跌倒了，如何能將這次的經驗轉變成下次跑得更好的關鍵？唯有跌倒過的人，才能更深刻體會路途的艱難，才能更加真誠地珍惜成功的果實。

只要願意躺下來，才能看清楚整片天空的面貌；只要能夠承認失敗，才有機會看清自己的失誤。你遇到的困難，也會是別人的困難，如果你過不去，肯定也有其他人過不了。

有時，不強迫自己繼續苦撐，暫時抽離現狀；或是尋求他人協助，承認自己不足。這不是放棄，也沒什麼好丟臉，反而可以更快解決問題。

請記得，認輸不代表沒用，真正沒用或糟糕的人是不自知也不想改善的。會自認沒用的人都是自我要求太高與責任感過重，所以無法接受自己有絲毫一點點沒有做到完美，或是不想造成別人的困擾。你並沒有自己以為或別人嘴裡說的那麼糟，沒有人十全十美，不必把自己逼得太緊，人生本來就不該一直緊繃，那樣的生活未免太累人。

任誰難免都會有不想面對的時候，不必勉強自己，想逃避就逃避吧，強迫自己繼續留下來，說不定是不斷地自我傷害。但，我們也無法逃避一輩子，等到準備好了再出來面對吧，不是為了逃避而逃避，而是為了讓自己下次出發能走得更遠。

你將發現，最難得的不是自己能夠獲勝，而是終於懂得適時地認輸。

認輸並不容易，也因為願意面對現在的失敗、錯誤與打擊，有了寶貴的經驗，將來才有機會贏得更漂亮。跌倒後，能夠站起來再次前進，那才是真正的本事。今天做得不好沒關係，都已經過去了，明天再重新開始，一時打不贏無所謂，只要你打不倒。

 # 跌倒：發生時，最難受的不是皮外傷，而是心裡覺得很丟臉。當然，也有那種痛到讓你沒時間感到丟臉的時候。

要問下一步該怎麼走，
不如先搞清楚
自己究竟是怎麼
走到這個地步的。

「這裡是哪裡？」愛麗絲問。

「你要去哪裡？」精靈回答。

「我不知道。」

「如果你都不知道要去哪裡，那麼，現在你在哪裡一點也不重要。」

這段對話來自於《愛麗絲夢遊仙境》，愛麗絲掉入了奇幻世界，走到十字路口徬徨無助，不知該怎麼走時，詢問了精靈。精靈的回答深具寓意，我們或許可以這麼說，「如果連你都不清楚自己的目標是什麼，那麼，你現在要做什麼都沒有任何意義了」。

換個角度想，我們應該先要搞清楚自己為什麼會走到如此窘境，有因才有果。例如，為什麼工作的成效不佳、為什麼考試的成績不理想，或是為什麼一段感情最後沒有結果。我們要從過去的錯誤中找出將來正確的方向，如果根本的問題一直存在著，就算你明白下一步該往哪裡走，依然也抵達不了。

很多時候，之所以會落到不理想的下場與結果，怪不得任何人，也怨不了環境或遭遇，自己要負最大的責任。比方說，你說話總是不夠坦率，喜歡拿事實當玩笑，然後用玩笑掩蓋事實，別人經常搞不懂你說的是真心話還是玩笑。雖然說，了解你的人就會了解，但你不能要求每個人都能懂得你每句話背後的含意，最後被誤會、遭人言語攻擊，內心受了傷，那就該試著把自己的感受誠懇地表達出來。

有些人明明知道不該做或不想做某件事、某個決定，最後還是為了某個原因而去做，導致後悔莫及。這時後悔的原因，不一定是結果不理想，而是當初自己做了一個違背心意的決定。這樣的情形只會不斷地發生，因為他們總會用「這是最後一次」來說服自己。如果這樣的心態不改變，同樣的情況只會不停輪迴。

我們要做一個自己會喜歡、會認同的人，因為那關係到我們是否會感到快樂。給自己一點時間，找出能讓自己快樂的部分。有時，不是事情或環境複雜，而是我們把事情或環境變複雜了，問題不在於事情或環境是什麼樣子，而在於你是什麼樣子。有的人習慣付出，有的人習慣被照顧；有人不喜歡太閒散，會感覺自己沒有貢獻；也有人不喜歡把自己逼太緊，希望日了輕鬆點。除非你有很大的決心改變自己，不然這些喜好或習慣，最後往往左右了我們的判斷，這大概就是「個性決定命運」吧？

成長，確實帶來了穩重與淡然，但不得不承認它也帶走了面對失敗的勇氣。不管你是在什麼情形下做出決定，重要的是下決定之後就不要輕言放棄；不管你是什麼原因而導致結束，重要的是結束之後就不要後悔。

你的路沒有人能幫你走，終究還是得靠你自己去摸索。現在不知道該怎麼辦也沒關係，暫時在原地踏步也沒關係，沒有人規定人生一定要不停前進，休息一下也很好。有一天，你會明白自己的方向；有一天，會有一個在乎你的人陪伴你前行。在那之前，請你放輕鬆，用自己最舒適的姿態去面對眼前的世界。

#原地打轉：這樣也未必不好，有時還挺開心的，就像是坐旋轉木馬的時候。

人生一直都是有得就有失。
比方說，
我在鹹酥雞和啤酒中
得到了滿足，
同時也失去了我的30腰。

「有得必有失」這是大家都明白的一句老話。可是，在現實生活中，這句話往往會淹沒在我們忙碌的日常行程與複雜的人際關係裡，為了失去某些事物而難過，因為得不到什麼或輸給別人而不開心。

你永遠不會變成別人，你就是獨一無二的。不必羨慕別人，因為再怎麼羨慕也不能讓你成為他。不比較，比較快樂。請時時提醒自己：計較未必會贏，而且一定會輸掉了快樂。

我們總會不經意地去幻想自己無法擁有的人生，其實，別人在背後的辛酸是不為人知的。任何人都一樣，我們總是需要拿自己擁有的，去換來自己沒有的，看似得到了某方面的好處，卻也失去了另一面的美好。或許，這就是人們為什麼一直不滿足？因為無論得到什麼，我們總也失去些什麼。比方說，長大讓你得到了成熟與穩重，卻可能讓人失去了勇敢與童心；工作讓你得到了金錢與成就，卻可能讓人失去了與親友相處的時間；運動讓你得到了良好的健康與體態，卻可能讓人失去了像我們這種擁有啤酒肚的懶惰大叔的友誼（笑）。

有兩種人是這樣的，一種是自己還沒失去，而習慣去嘲笑別人的失去；另一種是都已經失去了，卻用嘲笑別人的失去來減輕自己難過的心情。這兩種人都不可取，你最應該成為的一種人，是能體恤別人的心情，不為失去而難過太久，而且懂得珍惜身邊已擁有的人事物。

獲得的相反未必是失去，有時是「不珍惜」。重要的不是你能夠擁有什麼，而是如何運用你所擁有的。你不需要變得多麼有錢、有地位或光鮮亮麗，只要接受現在的自己就好；你不必被得失給羈絆，因為人生永遠都有其他選擇的可能性。

獲得想要的事物當然很開心，可是人生失去的時刻總比獲得多，當你失去擁有的事物還能一笑置之，那才是自在生活的關鍵。失去了就失去了，只要你抱持著信心，即使失去再多，你也明白絕不會失去自己。珍惜還擁有的，即使擁有的不全然是美好，也要好好過生活。

對於別人的付出，永遠都不要計較表面的多寡，重要的不是他給了多少，而是他所給予的佔他所擁有的比重，那代表著心意。身上只有十元的人給出十元，與身上有一百元的人所給出的十元，是不一樣的價值。

雖然我總鼓勵大家不要太在意得失，也不該與人計較輸贏，但我也明白我們並非完美的聖人，人生在世，不可能沒有慾望、沒有目標，如果沒有慾望，自然會對什麼事情都不感興趣，這樣的世界將無法運作下去。沒有熱情，沒有投入，怎麼可能會有動力呢？

關鍵在於，我們如何控制自己的情緒，別讓計較得失影響了自己與他人的心情與判斷。這次失去了，就去把握下一次吧。人生沒有真正的是非題，只有靠自己親身去領悟的驗證題。

其實我心裡知道，只要我願意，一定能找回自己的30腰，只是會失去鹹酥雞和啤酒。哦，我一點都不願意。

#滿足：通常是補償或獎勵自己付出與辛勞後所出現的心理狀態。比方說，辛苦減肥一個月終於瘦了，決定大吃好幾餐來獎勵自己。

有些人不允許、
不贊同別人做的事，
只是單純因為
自己做不到或得不到。

有時候，我們想要去做一些自己或一般人不會做的事情，就會遭到反對或阻擋。比方說，在公司想推動一個全新的企劃構想，你認為對公司非常有益處，雖然短期間內需要做大幅度的改變與取捨，但就長遠的未來而言，公司將會有顯著的成長。明明是很棒的想法，卻引來同事間的非議與抹黑，讓你備感挫折。你想要放下收入不錯也穩定的工作環境，加入偏遠鄉鎮教育推廣計劃當志工，或是背起行囊給自己兩、三年的時間遊走世界體驗不同人生，這樣的想法立刻讓親友們紛紛投下反對票，對你的理想大潑冷水。

他們之所以對你的做法與想法有異議，未必都是不對的，有時是真心為你設想。可是，他們替你設想的理由卻不一定正確無誤，很多時候只是他們認為不合常理或做不到，但換成別人來執行未必就不會成功。

有些人會想要反對你、阻擾你，並不是因為這件事不好、不對，而是他自己做不好、做不到，所以不希望別人可以做得好、做得到。

經常優先思考別人的感受與想法是體貼，但無視內心感受就是背離自我。我們總以為某些人很重要，但他們再怎麼重要也比不過自己重要。從你心中產生出來的才具有力量，從別人口中說出的一點用處也沒有。

別老是以他人的想法為重心，或以附和他人來獲得認同，別人並不是自己無法前進的藉口，快樂與別人無關，而是由你的內心所產生。我們的生活是藉由與很多人的交集、許多事物的出現所組成，不必把某個人或某件事當成是生活的全部。

我們明白自己什麼事不該做，卻無法阻止別人什麼話不該說。不要期望自己的意見與做法全都能被人認同，在認同你的人身上可以得到慰藉與信心，但在不認同你的人身上也能夠得到成長與建言。

對於與自己擁有不同思考模式的人，也不必一味反對與消極抵制，反而要試著了解對方為什麼會有這樣的想法，把值得學習的部分吸收起來，但也沒必要對年輕人倚老賣老。年紀比較大沒有比較了不起，無論幾歲，我們都會有犯傻的時候。無論到了幾歲，我們還是會做出讓自己後悔莫及的決定。多數人都一樣，指導或批評別人的時候言之有物、頭頭是道，一旦自己遭遇到了，還是會不知所措，希望得到支持與協助。

一生中難免會遇上脆弱或抉擇的時候，此刻，你也會希望他人可以體諒自己的感受。反對、指責或抱怨不一定能讓事情馬上變好；但，你的善意與體貼一定能讓當下變得美好。

想要挑戰別人不會做的事，並不是希望自己變得多麼強大，通常只是希望能有所成長或對別人有幫助。如果看到別人可以去做那些我們無法做到的事，也別眼紅，反而應該給予強力的支持，因為有他們的努力和成就，才讓我們在某個看不到的地方得到益處。

這個世界正是因為有這些願意挑戰、勇於改變的人，才能夠一點一滴地持續進步著。從另一個角度看，有人願意突破現況，才有人可以安穩過日子。

#犯傻：通常是越自以為聰明的人越會發生。而且他們發生這種狀態的時候，還自以為很聰明呢。

一個人不常生氣，不代表他脾氣好，只是他的修養比較好。人都有他自己的底線，不要老是想越過那條線。

我們的每段境遇都是生命中的染料，會將每個人慢慢渲染成擁有各自特色的人生。

適合是什麼？我也不太確定，或許就是在一起時很開心，不在一起時不會擔心，對他說話不必太小心，他對你的一切都很用心。但，我還是覺得沒有真正的適合，只有彼此願不願意磨合。

家人、愛人還是真正的好友，就是在一起時就算是什麼事都不做也會開心的人。

要能一個人也能自在，因為沒有人可以時時陪伴。
環境不會讓你寂寞，是你的心情讓你寂寞。

即使沒有人為你鼓掌、為你加油，也要堅持到底，
不只是不愧於人,也是對自己認真付出的敬意。

跑得快，跑得遠當然值得讚揚。但，跑最快最遠的只有一個。我們真正需要的是，就算不斷跌倒也會再次爬起，然後還能笑著堅持到終點。

有讀者在網路上留言問我：「大叔，你怎麼可以確定自己的選擇沒有錯？」這個問題讓我思考很久，其實，我也可以假裝沒看到那則留言，就讓它隨著不斷湧現的網友意見與問題所淹沒，也可以用「相信自己就不會錯」這種激勵讀者的制式標準答案，不僅冠冕堂皇且方向正確。

但，真的可以這麼瀟灑與肯定嗎？

有些事情、遭遇需要抉擇時，老實說，我們都沒有辦法完全對自己的決定深信不疑，更多是對眼前的道路感到一片迷茫。而這種舉棋不定、彷徨無助的時刻，無論年紀多大了，依然還是會陰魂不散地突然出現在我們的生活之中。待在學校或公司裡卻看不清未來，處在朋友圈或團體中卻找不到自我，下一次該怎麼做，下句話該怎麼說，下一步該怎麼走，前面都是一團黑暗，只能期待有人能點燃一盞燈或打開一扇門。

說真的，我也沒辦法確定自己的選擇沒有錯，但，我會對自己的選擇負責。選擇了，就要替自己決定的方向去努力實行。最後，就算發現選擇錯誤或結果不好也沒有關係，那就再選擇其他的路來嘗試，人生不會只給我們 條路走，看你願不願意去走走而已。

在《只要好好過日子》出版後，我陸續收到一些讀者對於這本書的回應，大部分是感謝我的文字在他們低潮或失戀時給予很多力量與溫暖。還有讀者特地打電話到出版社，想要對我說，因為這本書而將他從原本企圖自殺的情緒中解救回來，讓他重新有勇氣再面對不輕鬆的現實生活。聽到他們對於我所寫的文字的回饋，對我來說，就是繼續寫作下去的力量。你們覺得我的文字帶給你力量，其實你們的支持同樣也給我力量。

有位長輩曾對我說過：「出書，最大收獲絕對不會是金錢，而是能夠傳遞正面能量與良好價值觀給更多人。」

我希望《開始，期待好日子》這本書可以給予在人群中感到孤單的人一點理解，可以給予在職場裡感到迷惘的人一點方向，可以給予在生活中感到無力的人一點能量，可以給予在愛情裡感到心冷的人一點溫暖。

謝謝你們，讓我們一起好好過日子，然後期待好日子。

直覺就是你的指引，未必是快速的或是正確的，卻會是你最想走的路。

開始，期待好日子

作　　者 | 阿　飛 a-fei

發 行 人 | 林隆奮 Frank Lin
社　　長 | 蘇國林 Green Su

出版團隊
總 編 輯 | 葉怡慧 Carol Yeh
企劃編輯 | 鄭世佳 Josephine Cheng
封面裝幀 | 江孟達工作室
版面設計 | 譚思敏 Emma Tan
內頁排版 | 譚思敏 Emma Tan

行銷統籌
業務處長 | 吳宗庭 Tim Wu
業務主任 | 蘇倍生 Benson Su
業務專員 | 鍾依娟 Irina Chung
業務秘書 | 陳曉琪 Angel Chen、莊皓雯 Gia Chuang
行銷主任 | 朱韻淑 Vina Ju

發行公司 | 悅知文化　精誠資訊股份有限公司
105台北市松山區復興北路99號12樓
訂購專線 | (02) 2719-8811
訂購傳真 | (02) 2719-7980
專屬網址 | http://www.delightpress.com.tw
悅知客服 | cs@delightpress.com.tw
ISBN：978-986-510-054-4
建議售價 | 新台幣350元
二版七刷 | 2023年04月

國家圖書館出版品預行編目資料

開始，期待好日子／阿飛著. -- 二版. --
臺北市 : 精誠資訊, 2020.01
面；　公分
ISBN 978-986-510-054-4 (平裝)
1.人生哲學 2.生活指導

191.9　　109000306

建議分類 | 心理勵志

廣	告	回	信
平信、免貼郵票			
台灣北區郵政管理局登記證			
台北廣字第1531號			

SYSTEX making it happen 精誠資訊 | 悅知文化 Delight Press

精誠公司悅知文化　收

105 台北市復興北路99號12樓

（ 請沿此虛線對折寄回 ）

開始，期待好日子

悅知文化 Delight Press

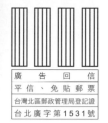

讀者回函

《開始，期待好日子》

感謝您購買本書。為提供更好的服務，請撥冗回答下列問題，以做為我們日後改善的依據。
請將回函寄回台北市復興北路99號12樓（免貼郵票），悅知文化感謝您的支持與愛護！

姓名：＿＿＿＿＿＿＿＿＿ 性別：□男 □女 年齡：＿＿＿歲

聯絡電話：(日)＿＿＿＿＿＿＿ (夜)＿＿＿＿＿＿＿

Email：＿＿＿＿＿＿＿＿＿＿＿＿＿＿

通訊地址：□□□-□□ ＿＿＿＿＿＿＿＿＿＿＿＿

學歷：□國中以下 □高中 □專科 □大學 □研究所 □研究所以上

職稱：□學生 □家管 □自由工作者 □一般職員 □中高階主管 □經營者 □其他＿＿＿＿＿

平均每月購買幾本書：□4本以下 □4~10本 □10本~20本 □20本以上

- 您喜歡的閱讀類別？(可複選)

□文學小說 □心靈勵志 □行銷商管 □藝術設計 □生活風格 □旅遊 □食譜 □其他＿＿＿＿＿

- 請問您如何獲得閱讀資訊？(可複選)

□悅知官網、社群、電子報 □書店文宣 □他人介紹 □團購管道

媒體：□網路 □報紙 □雜誌 □廣播 □電視 □其他＿＿＿＿＿

- 請問您在何處購買本書？

實體書店：□誠品 □金石堂 □紀伊國屋 □其他＿＿＿＿＿

網路書店：□博客來 □金石堂 □誠品 □PCHome □讀冊 □其他＿＿＿＿＿

- 購買本書的主要原因是？(單選)

□工作或生活所需 □主題吸引 □親友推薦 □書封精美 □喜歡悅知 □喜歡作者 □行銷活動

□有折扣＿＿＿折 □媒體推薦＿＿＿＿＿

- 您覺得本書的品質及內容如何？

內容：□很好 □普通 □待加強 原因：＿＿＿＿＿

印刷：□很好 □普通 □待加強 原因：＿＿＿＿＿

價格：□偏高 □普通 □偏低 原因：＿＿＿＿＿

- 請問您認識悅知文化嗎？(可複選)

□第一次接觸 □購買過悅知其他書籍 □已加入悅知網站會員www.delightpress.com.tw □有訂閱悅知電子報

- 請問您是否瀏覽過悅知文化網站？ □是 □否

- 您願意收到我們發送的電子報，以得到更多書訊及優惠嗎？ □願意 □不願意

- 請問您對本書的綜合建議：＿＿＿＿＿

- 希望我們出版什麼類型的書：＿＿＿＿＿

只要好好過日子，就能期待好日子。